George Maurício & Vera de Oxalá
(ODÉ KILEUY)   (OLISSASSE)

FEITIÇOS
para prender o seu
AMOR

6ª edição
4ª reimpressão

Pallas

Rio de Janeiro
2015
Impresso no Brasil

Copyright© 1994
Gerode Maurício e Vera de Oxalá

Produção editorial
Pallas Editora

Revisão
Sandra Pássaro

Capa
Leonardo Carvalho

Ilustrações de miolo
Renato Martins

Todos os direitos reservados à Pallas Editora e Distribuidora Ltda. É vetada a reprodução por qualquer meio mecânico, eletrônico, xerográfico etc., sem a permissão por escrito da editora, de parte ou totalidade do material escrito.

CIP-BRASIL. CATALOGAÇÃO-NA-FONTE.
SINDICATO NACIONAL DOS EDITORES DE LIVROS, RJ.

M414f
6ª ed.
4ª reimpr.

Maurící, George.
 Feitiços para prender o seu amor / George Maurício (Odé Kileuy), Vera de Oxalá (Olissasse) – 6ª edição – Rio de Janeiro: Palas; 2015.

136.:il.
Inclui bibliografia.
ISBN 978-85-347-0310-9

1. Magia. 2. Amor. 3. Candomblé – cerimônias e práticas. I. Título.

94-1572

CDD 299.64
CDD 299.6.3

Pallas Editora e Distribuidora Ltda.
Rua Frederico de Albuquerque, 56 – Higienópolis
CEP 21050-840 – Rio de Janeiro – RJ
Tel./fax: (021) 2270-0186
www.pallaseditora.com.br
pallas@pallaseditora.com.br

Este livro é dedicado à Vera Ferreira (in memoriam), Célia Cristina e Natália; Paulo César, Antonio, Eduardo, Celso e Eglir de Oxóssi.

A meu marido Cid e meus filhos Marcelo e Pedro.

Aos filhos-de-santo e irmãos-de-santo do Ilê Axé Vodum Odé Kileuy.

ORAÇÃO A NOSSO PAI ODÉ

Ó meu glorioso e bondoso Pai Odé, caçador de glórias, de bem-aventuranças, aquele que nos traz a prosperidade, a fartura, o pão de cada dia, dai-nos a certeza de que no nosso cotidiano a sua presença seja uma constante.

Amantíssimo Rei de Ketu, peço em nome de Orunmilá, Ifá, Oduá e Orixalá, pela corte de Olorum, que traga a paz ao nosso tão agitado mundo, saúde aos nossos doentes, esperança às nossas crianças, paz e tranqüilidade aos nossos idosos. Ilumine nossos poíticos, Pai, para que saibam fazer o melhor pelo nosso Brasil.

Ó meu Pai Odé, perdoe nossas injúrias, nossas lamentações, dai-nos forças para prosseguir o nosso caminhar e resignação, Pai, para aceitar tudo aquilo que vós achais que mereçamos.

Que no nosso caminho, no nosso dia-a-dia, sua companhia seja mantida; que sua flecha corte todos os nossos males e nossos inimigos ocultos.

Ao nosso Pai Oxalá pedimos que seu "alá" nos cubra de muita paz, saúde, prosperidade, amor e união.

Odé Bussifuó.
Odé Opá Elegi.
Mojuba. Axé.

SUMÁRIO

Prefácio à Quarta Edição ♥ 11

Apresentação ♥ 13

Introdução à Quarta Edição ♥ 15

Quem é Odé Kileuy ♥ 17

Quem é Vera de Oxalá ♥ 19

Conselhos Importantes ♥ 21

Instruções Úteis para seu Feitiço ♥ 23

Para o Amor ♥ 25

Banhos ♥ 103

Perfumes ♥ 113

Defumadores ♥ 119

Talismãs (ou breves, patuás, amuletos) ♥ 125

Preceitos para o Orixá Maior ♥ 127

Rezas Fortes ♥ 133

PREFÁCIO À QUARTA EDIÇÃO

Este é um livro com nobres propósitos que, sob uma apresentação simples, descortina sua vocação de fazer magia para o bem.

Mais do que ensinar receitas, atenta para o fato de que as conquistas da vida devem ser preservadas e de que o amor deve ser cultuado, assim como o ente amado precisa ser respeitado e valorizado em todos os momentos.

Sábios, os autores lembram também que o princípio básico para a eficiência dos trabalhos é o amor a si mesmo, pois aquele que nãp se ama e não se valoriza terá certamente uma relação desigual com seu par. Eles ressaltam também que os leitores jamais devem esquecer de que, apesar da simplicidade dos trabalhos propostos no livro, estes devem ser feitos com fé, seriedade e humildade, pois os praticantes estarão mexendo com as forças da natureza, oferecendo um trabalho feito com amor em troca de um pedido sincero.

Os autores, George Maurício – conhecido como *Odé Kileuy* –, e Vera de Oxalá, generosos em repartir seus conhecimentos, revisaram e ampliaram o livro, disponibilizando novas receitas. Sua preocupação constante em desvendar e desmistificar o candomblé pode também ser conferida em outro livro da dupla, *Como fazer você mesmo seu ebó*, também editado por esta casa. São livros imprescindíveis para todos que querem aprender mais sobre a religião, ou mesmo para os simpatizantes que recorrem aos trabalhos com o objetivo de buscar forças para superar as dificuldades pelas quais estejam passando.

Finalmente, é preocupação constante dos autores reforçar o fato de que os livros são acessórios importantes, mas que conhecimentos mais profundos devem ser buscados junto às autoridades do candomblé. Este é um lembrete importante, compartilhado e fornecido por aqueles que dedicam sua vida à sincera prática religiosa.

Nós saudamos mais essa edição de *Feitiços para prender o seu amor*, certamente destinada ao sucesso.

Cristina Fernandes Warth

APRESENTAÇÃO

Este livro foi feito com o intuito de fazer você ser feliz e de ajudá-lo a achar seu amor com maior eficácia. Muitas vezes a felicidade está à sua frente, no seu caminho, mas precisa daquele "empurrãozinho", daquela ajuda de algum orixá do seu coração.

O mundo está carente de amor, dizem. É verdade! Veja no seu dia-a-dia, nas ruas, o rosto das pessoas. A carência de um bem-querer traz a tristeza, a angústia, a desesperança. Quando se ama, o coração se alegra, o corpo torna-se resplandecente, a alma se ilumina, Você é todo amor!

O importante é saber cultivar e fazer o amor permanecer em você todos os dias, em todas as horas e em todos os minutos. Para isso, entregue-se com a certeza de que o amor é uma troca e você é a parte principal nessa entrega.

Neste livro você vai encontrar trabalhos fáceis, que você mesmo poderá fazer, sem ter com isso grandes despesas, pois nada melhor para ajudá-lo do que aquilo que é feito com suas mãos, pois ninguém o ama mais do que você.

Tudo que é feito com fé e amor dá certo. Este livro é dedicado a vocês que acreditam, que desejam, que amam.

Este livro foi feito com amor!!!

Os autores

INTRODUÇÃO À 4ª EDIÇÃO

Quando este livro foi feito, em 1994, nosso pensamento era direcioná-lo para prestar ajuda às pessoas no campo sentimental, fazendo com que a fé fosse o principal ingrediente, E conseguimos! Nossos objetivos foram alcançados!

Na época de seu lançamento, fomos muito massacrados por pessoas da religião, de mente fechada, que não concordaram com os ensinamentos que transmitíamos, achando que estávamos tirando clientes das casas-de-santo. Ledo engano, pois os bons sempre permanecem com seu *status*!

Para nossa felicidade, e como um prêmio pela nossa vontade de prestar ajuda ao próximo, esta obra já cruzou os mares, levada por viajantes, chegando até a Alemanha, Grécia, Portugal, Índia, de onde recebemos cartas e telefonemas de pessoas procurando maiores detalhes para fazer seus preceitos.

Nesta 4ª edição, totalmente revisada, modificada e ampliada, queremos agradecer e atender às centenas de solicitações recebidas. Era necessária uma remodelação, para que pudéssemos aprimorar os antigos ensinamentos e acrescentar detalhes talvez esquecidos ou, mesmo, com pequenos deslizes. Nossos leitores foram os principais responsáveis por essas mudanças, pois graças a eles fomos verificando as grandes necessidades das pessoas que recorrem aos nossos ensinamentos.

Incluímos novas receitas, sempre fáceis e acessíveis. Mas, repetimos: você precisa saber que em determinados momentos, em certas situações, existem outras oferendas que necessitarão da ajuda de uma pessoa preparada espiritualmente para ajudá-lo. Então, recorra a um babalorixá ou iyalorixá de sua confiança, ou recomendado por amigos, fugindo dos charlatães que estão denegrindo a religião.

Agradecemos também aos sacerdotes da religião que utilizam-se deste livro em suas mesas de jogo de búzio, a ele recorrendo para atender a seus clientes, Isso mostra o quanto nosso trabalho é sério e bem vindo, e que só assim faremos com que a religião seja levada a sério, esvaziando as "roças" que não tenham seriedade em seus trabalhos espirituais.

Lembre-se sempre: a qualquer momento ou em qualquer circunstância, a sua fé é que irá resolver ou ajudar a resolver as suas necessidades. Seja com suas "mãos", ou através da ajuda de um(a) babalorixá(ialorixá), somente com amor tudo se resolverá.

Seja feliz!!!

QUEM É ODÉ KILEUY

Babá Odé Kileuy está desde muito pequeno no candomblé. Toda a sua vida foi, e é, dedicada ao orixá, aos seus inúmeros filhos-de-santo e aos seus incontáveis clientes, que logo tornam-se amigos, devido à sua atenção e ao imenso carisma que dele emana. Consciente da carência cada vez maior de amor, caridade e fraternidade, procura atender a todos, indistintamente, sempre com uma palavra de apoio e esperança, fazendo com que as pessoas se sintam amadas e protegidas. Aconselha, orienta, escuta, briga, grita, mas sempre com um brilho resplandecente no olhar, com uma certeza de que, através do jogo de búzios, dos Odus, dos orixás e deste livro poderá trazer caminhos, soluções e esperança para problemas que parecem insolúveis.

Sua trajetória de vida não foi um mar de rosas. Foi cheia de percalços, dificuldades e espinhos, mas batalhou e trabalhou muito para tentar alcançar seu lugar ao Sol, Sua luta não foi em vão, mas sim coroada de glória, de justa satisfação, da certeza de ter feito o certo para si e seus semelhantes.

Babá Kileuy sempre procurou aprender, com humildade, os ensinamentos dos mais "velhos", dos "antigos", e é através disso que se aprimora cada vez mais, pois entende que "quanto mais se aprende, mais se tem para aprender".

A todo momento, Oxóssi abençoa-o com amigos, com o amor dos filhos, com o carinho imensurável de seus clientes que chegam à sua casa cabisbaixos e saem sempre com um sorriso, com a certeza de que tudo *vai dar certo*!

Babá Odé Kileuy levanta a bandeira do candomblé pela união de todos por um ideal comum; o respeito e o amor à religião, pois sabe que desavenças só trazem desarmonia, e a desarmonia conduz ao caos.

Candomblé é uma religião linda, cheia de cores, de aromas, mas também de muita luta e perseguições no passado. Por isso, hoje, devemos levantar esta bandeira pela união e fraternidade. Somos pequeninos, mas Olorum, nosso Pai Maior, é grande e guerreia por nós.

Vera de Oxalá

QUEM É VERA DE OXALÁ

Depois de ter permanecido por 12 anos na umbanda, Vera de Oxalá precisou, por premência de Oxalaguiã, partir para caminhos mais profundos. Guiada por sua iyalorixá na umbanda, Mariazinha de Iansã, de Nilópolis, pessoa muito conceituada e respeitada, foi levada a duas "casas" de candomblé para confirmação. Na dúvida, recorreu à minha casa, pois já nos conhecíamos. Dentro do seu conhecimento e humildade, era sabedora de que Vera precisava de outras bases. É importante citar que a atitude da iyalorixá Mariazinha é digna de aplauso, pois esse exemplo deveria ser seguido por outros babalorixás (ou iyalorixás), porque só se deve fazer aquilo para o qual estamos preparados.

A partir daí, tem sido uma grande incentivadora, conselheira e amiga das horas incertas, às vezes questionadora de situações e atitudes a serem tomadas. Conhecedora do espírito humano, sabe relevar e respeitar todas as situações, sem penetrar no limite de quem quer que seja.

Dedicada, batalhou para que nosso primeiro livro (*Como Fazer Você Mesmo seu Ebó*) fosse publicado, com sucesso total, por meio de seu conhecimento editorial com o Sr. Antonio Carlos e Cristina Warth, da Editora Pallas, para a concretização de um sonho meu, que era colocar em palavras o meu conhecimento.

Vera é uma pessoa que vê no candomblé e nos orixás a força, o amor e a união e magoa-se quando percebe que isso não acontece com frequência na religião. Tem bons conhecimentos dentro do candomblé, mas seu questionamento é constante, pois não aceita o candomblé visto pela maioria, onde a "espécie" está à frente do amor e da caridade, qualidades inerentes à religião.

Tira proveito dos conhecimentos que procuro passar-lhe, os quais absorve e aceita, mas a todo momento e a qualquer situação é uma filha-de-santo que a mim recorre, pois não aceita fazer nada sem que haja minha participação. Foi, no passado, mal interpretada pela sua visão da religião, mas manteve-se firme na sua conduta e perseverança, e hoje em dia é bem considerada, respeitada e amada por seus irmãos-de-santo.

Dentro da "roça" é pessoa responsável, dedicada, ama seus orixás, está sempre presente em todas as funções, dando apoio total ao babalorixá. Independentemente de ser filha, foi e é, antes de tudo, uma amiga, sem ultrapassar os limites que todo ser humano tem. Enfim, uma excelente "omó" (filha).

É Vera de Oxalá quem organiza e redige meus trabalhos. Por este motivo, o mérito é todo dela, queiram ou não. Podem ter certeza, meus irmãos, se não fosse a ajuda dela, seria muito difícil esse conhecimento chegar até vocês. E tenho certeza de que o meu sucesso é sua felicidade e vitória.

George Maurício (Odé Klleuy)

CONSELHOS IMPORTANTES

1) Ao preparar-se para qualquer um desses preceitos, lembre-se que é importante estar com o coração aberto, com a certeza de que vai acertar.

2) Ao tomar seus banhos, *não se enxugue depois*. Deixe que a essência do banho permaneça em você.

3) Em certos banhos, você poderá tomá-los molhando a cabeça; em outros, o banho deverá ser jogado do pescoço para baixo. Isso porque certos ingredientes, ou mesmo folhas, são considerados "quente", ou mesmo trazer quizilas para a pessoa que assim proceder. Dentre as folhas que NÃO são consideradas "quentes", citamos o macaçá que, inclusive, "quebra quizila".

4) Ao escrever os nomes, em papel use sempre LÁPIS.

5) Os dias propiciatórios para os feitiços de amor são a quarta-feira, o sábado e o domingo, por serem dias consagrados às iabás (orixás femininos), e deve-se prestar atenção ao resguardo do corpo um dia antes (sexo, bebidas, farras, brigas) e ao uso de cores favoráveis (branco, rosa, amarelo, azul) antes e depois dos preceitos.

6) O preparo dos alimentos (ou oferendas) deve ser feito com *ifé okan* (amor no coração), com a mente limpa de maldades e com o pensamento positivo.

Procure lavar bem as frutas e folhas; catar bem os cereias, retirando grãos podres e bichados; tirar os papéis de balas e bombons. Lembre-se sempre que tudo para o orixá deve ser feito num ambiente de muita limpeza e amor.

7) Tenha certeza do que deseja, para que não haja dúvidas depois. Só faça quando tiver convicção do que quer, pois as coisas só acontecem quando feitas com amor.

8) Procure fazer seus preceitos em Lua cheia, quarto crescente ou nova. Dê preferência ao horário da manhã, quando o Sol está em sua plenitude, força e energia.

9) Se, ao fazer seus presentes, você não tiver condições de ter à mão uma tigela, um prato ou similar, poderá ser usado o papel alumínio ou prato de alumínio, que substitui perfeitamente estes artigos.

10) *Se você morar em apartamento, ou em casa sem quintal, poderá fazer seus preceitos em vasos de plantas.*

11) Verifique bem o local onde vai acender suas velas, dentro de casa ou na mata, para evitar incêndios e destruição da natureza. Às vezes, será preferível não acendê-las a causar infortúnios.

12) Ao fazer seus preceitos para Ogum, não use faca de aço ou ferro, na necessidade de cortar algo. Procure usar objeto de plástico ou corte com um fio de palha-da-costa bem esticado.

13) O maior tempero de qualquer preceito é a fé. Sem isso, nada poderá ser feito.

INSTRUÇÕES ÚTEIS PARA SEU FEITIÇO

Acarajé

Cate bem o feijão-fradinho e passe num moinho de cereais, de jeito que não triture demais os grãos,. Coloque de molho por uns 15 minutos. Esfregue com as mãos até que as cascas se soltem e não deixe que fiquem aqueles olhinhos pretos do feijão. Troque a água até que o feijão esteja limpinho. Torne a passar no moinho, até obter uma massa consistente, e acrescente cebola ralada e uma pitada de sal. Com uma colher de pau, bata até obter uma massa bem leve e crescida. Frite às colheradas, em dendê ou azeite-doce (conforme o orixá).

Ao se fritar acarajé para preceitos, é obrigatório que os nove primeiros sejam jogados na porta da rua; logo em seguida, jogue água.

Omoculum

Cate bem o fejião-fradinho e ponha para cozinhar, não deixando que se desmanche. Quando estiver cozido e com pouca água, acrescente camarão seco socado, cebola ralada, azeite-de-dendê (ou azeite-doce). Mexa e deixe apurar, até formar um creme espesso.

Mariô

Retire de um dendezeiro a folha do meio. Com uma faca afiada, dívida a folha em duas (pelo centro). A talisca da folha deve ser retirada e a folha, desfiada. O mariô é usado em portas e janelas, para defesa.

É importante salientar que os filhos de Ogum e as mulheres não devem desfiar mariô.

Acaçá

Compre uma farinha de acaçá bem branquinha, Coloque no fogo uma panela com um litro de água e cinco colheres (de sopa) da farinha; vá mexendo bem até abrir fervura e transformar-se em um mingau com boa consistência. Deixe cozinhar, em fogo baixo, por 10 a 15 minutos. Estará bom quando começar a soltar do fundo da panela,

Pegue folhas de bananeira e corte-as em pedaços regulares. Limpe-as bem com um pano úmido; em seguida, passe-as pela chama do fogão, rapidamente. Dê-lhes um formato de copo, e vá colocando o mingau de acaçá (uma colher de sopa) e dobre-as. Deixe esfriar e use.

Folhas Utilizadas

Saião = folha-da-costa; *ewe odundun*.
Funcho = anis-doce; erva-doce; maratro.
Macaçá = catinga-de-mulata.
Patchuli = vetiver.
Carrapicho = sensitiva-mansa; feijão-de-boi.
Fortuna = erva-santa.
Cansanção = água-viva.

PARA O AMOR

A grande deusa do amor é a nossa mãe Oxum, a "rainha das manhãs douradas", a "guardiã de quem ama", a "poderosa mãe dos amantes". Por isso, é a ela a quem devemos recorrer primeiramente em nossos encantamentos e magias para conseguir, para acalmar, para atrair um grande amor e, principalmente, para prendê-lo ao nosso lado. Não se esqueça também de, a cada vez que for acrescentando os ingredientes, ao fazer suas simpatias, ir sempre repetindo os seus pedidos, e não deixe para fazer suas preces ao final de cada trabalho.

Para Oxum dar o seu amor

Material:
- ♥ oito ovos crus
- ♥ oito rosas amarelas
- ♥ oito velas amarelas
- ♥ quatro pedaços de fita branca
- ♥ quatro pedaços de fita amarela
- ♥ um alguidar nº 4

Preparo:

Faça um buraco na ponta dos ovos e retire as claras. Coloque em oito pedaços de papel o nome da pessoa desejada com o seu nome por cima, tudo escrito a lápis. Ponha estes papéis dentro de cada ovo e encha com mel, colocando-os dentro do alguidar, cobrindo com as claras em neve e o açúcar por cima. Despetale as rosas e desenhe com elas um leque por cima dos ovos. Enfeite com as fitas brancas e amarelas. Se você tiver assentamento de Oxum, coloque em frente a ele, caso contrário, coloque num local alto, dentro de sua casa ou, se puder, leve diretamente a uma cachoeira, acenda as velas ao redor e faça seus pedidos à mãe Oxum.

Pedindo que Dansã traga rápido um amor para a sua vida

Ao fazer este preceito procure vestir-se de branco, amarelo ou rosa.

Frite 14 acarajés no azeite-de-dendô, sem usar camarão na massa. Procure um bambuzal amarelo. Vá passando os acarajés, simbolicamente, pelo corpo e coloque-os ao redor dos pés de bambu, fazendo seus pedidos a Iansã. A seguir, ponha os joelhos no chão e rogue que o vento de Iansã traga o amor tão desejado por você o mais rápido possível, pois ninguém vive sem amor, Seu pedido será atendido, com certeza.

Feitiço para arranjar um amor

Material:
- ♥ três rosas vermelhas, de jardim
- ♥ três rosas brancas, de jardim
- ♥ wáji (ou uma pitada de anil)

Fig. 1 – Pedindo que Iansã traga rápido um amor para a sua vida.

Preparo:

Tire as pétalas das rosas vermelhas e coloque-as dentro de uma bacia com água no sereno. No dia seguinte, esfregue-as nas mãos, tirando todo o sumo, Tome seu banho normal e, logo após, jogue o banho das rosas do pescoço para baixo. Depois de três dias faça o mesmo com as rosas brancas, misturando com o wáji (ou anil) e tome um banho, pela manhã. Os bagaços das rosas maceradas procure colocar embaixo de uma árvore frondosa ou num jardim bem bonito. Use roupa clara durante três dias.

Encanto para o bom relacionamento do seu amor com seus familiares

Material:

- ♥ uma bombonnière com tampa
- ♥ oito cocadas brancas
- ♥ oito balas de leite
- ♥ oito conchas do mar
- ♥ oito acaçás pequenos (ver receita à pág, 24), sem a folha
- ♥ pétalas de rosas brancas, de jardim
- ♥ azeite-de-oliva
- ♥ um copo de açúcar cristal
- ♥ oito folhas de saião, lavadas

Preparo:

Escreva num papel o nomes dos familiares e o nome do seu amado. Ponha na *bombonnière* e acrescente os itens na ordem acima, sempre fazendo seus pedidos. Tampe-a e chame por Iemanjá (ou Iyá Ori). A seguir, guarde-a em local alto, dentro de sua casa e deixe lá por tempo indeterminado.

Quando quiser, tire os resíduos e leve para entregar em uma praia, conservando a *bombonnière* que, após lavada, não deverá nunca ficar vazia. Coloque sempre doces finos, doces em calda ou, na falta deles, ponha água, só não pode deixá-la vazia. Sucesso!

Simpatia para conseguir a pessoa amada

Esta simpatia só pode ser feita no dia 13 de junho, dia de Santo Antônio.

Material:

- ♥ um Santo Antônio de madeira, de 30 cm, que tenha a criança
- ♥ um retrós de linha branca

Preparo:

Escreva o nome da pessoa amada sete vezes num papel, a lápis. Enrole em volta dos pés de Santo Antônio, com o retrós todo, fazendo seus pedidos. Retire a criança do colo do santo e diga estas palavras:

"Santo Antônio, só devolverei sua criança quando o senhor me der um amor."

Acenda uma vela diariamente, durante sete dias, sempre renovando seus pedidos. Com certeza, Santo Antônio não deixará de atendê-la(o).

Obs.; Ao esconder a criança não esqueça o lugar onde guardou-a. Após ter seu pedido atendido, devolva-a ao colo do santo e agradeça-lhe muito pela graça alcançada.

Material:
- ♥ uma travessa (ou prato) branco
- ♥ duas gemas de ovos, cruas
- ♥ dois acaçás brancos, sem a folha (ver receita à pág, 24)
- ♥ duas velas brancas
- ♥ mel
- ♥ azeite-de-oliva

Preparo:

Escreva num papel, a lápis, sete vezes o nome da pessoa desejada e coloque dentro da travessa (ou prato), com as duas gemas, inteiras, por cima e os acaçás ao lado. Regue com o azeite-de-oliva e o mel, fazendo os seus pedidos com muita fé. Acenda as duas velas bem juntinhas, durante sete dias, sempre no mesmo horário, se puder. Após este período, leve a uma cachoeira limpinha e entregue à mamãe Oxum, renovando os pedidos.

Outro presente para adoçar o seu amor

Material:
- ♥ um quilo de batata-doce
- ♥ mel
- ♥ um prato branco
- ♥ cinco colheres (de sopa) de açúcar (pode ser cristal)
- ♥ duas velas

Fig. 2 - Para adoçar a pessoa amada.

Preparo:
Cozinhe a batata-doce, com casca, junto com o açúcar. Descasque e amasse (ou soque) bem e vá acrescentando mel, pedindo o que deseja. Escreva num papel o nome da pessoa e coloque no prato, pondo por cima a batata-doce amassada e dando-lhe o formato de um coração. Acenda as duas velas juntas no centro e peça a Oxum que adoce o seu amor, para que ele fique bem gamadinho por você. Posteriormente, leve a um rio limpinho ou a uma cachoeira e, próximo à água, enterre, e cubra, acendendo por cima uma vela.

Um encantamento para quem tem dificuldade de arranjar amor

Faça esta simpatia num sábado, pela parte da manhã, quando a força do Sol está no seu ápice, numa época de Lua crescente ou cheia.

Material:
- ♥ uma tigela branca
- ♥ uma flor "sempre-viva"
- ♥ cinco colheres (sopa) de araruta
- ♥ cinco quindins
- ♥ cinco gemas de ovos, cruas e inteiras

Preparo:
Faça uma carta e peça tudo o que deseja de amor, para mãe Oxum. Assine a carta e coloque-a dentro da tigela. Ponha por cima as flores, em seguida espalhe a araruta e enfeite com os quindins. Delicadamente, deposite as gemas. Leve este presente para uma cachoeira de muita água e entregue a Oxum.

Rodeie com cinco velas e peça que, conforme ela encantou os quindins que apareça alguém que se encante por você, que surja um grande amor na sua vida etc. Rogue com fé e firmeza que você, com certeza, será atendida.

Pedindo a Oxumarê para segurar um amor

Material:
- ♥ um quilo de batata-doce
- ♥ um prato branco
- ♥ óleo de amêndoa ou azeite-de-oliva
- ♥ duas velas
- ♥ melado (ou açúcar)
- ♥ duas moedas atuais, lavadas
- ♥ o nome da pessoa desejada, escrito num papel, a lápis

Preparo:

Cozinhe a batata-doce com casca e com o açúcar. Tire a casca e amasse bem. Faça duas bolas e coloque no prato, por cima do papel com o nome, com as duas moedas fincadas em cada bola. Regue com o óleo e com o melado (ou o açúcar) e vá fazendo seus pedidos a Oxumarê. Ponha à margem de um rio ou lago, ou aos pé de uma jaqueira, acendendo as duas velas juntinhas, tendo o cuidado de não causar danos à árvore com o fogo das velas.

Preceito para Oxum prender a pessoa amada

Material:

- ♥ uma tigela branca
- ♥ um prato branco, de sobremesa
- ♥ uma maçã verde bem bonita, lavada
- ♥ palha-da-costa (ou uma fitinha amarela)
- ♥ azeite-de-oliva
- ♥ mel
- ♥ duas velas de sete dias, amarelas

Preparo:

Parta a maçã ao meio, no sentido vertical, de forma que não separe as duas bandas. Faça um coração num pedaço de papel branco e recorte com tesoura. Escreva o nome da pessoa desejada com o seu nome por cima. Coloque este coração dentro da maçã, amarre-a com a palha-da-costa ou a fitinha amarela e, conforme for amarrando, vá pedindo. Ponha dentro da tigela e cubra com bastante azeite-de-oliva e mel. Tampe a tigela com o pratinho, acenda as duas velas por cima e ofereça a Oxum, fazendo suas preces. O ideal seria que se enterrasse esse presente aos pés de uma macieira, mas se você não puder assim proceder, recomenda-se levá-lo a um riacho, ou cachoeira, ao nascer do Sol. Tenha certeza de que será atendido.

Fig. 3 - Preceito para Oxum prender a pessoa amada.

Encantamento para você se tornar o centro das atenções

Quem não gosta de ser vista, de ser admirada, de chamar a atenção? Se é isso que você deseja, experimente fazer esta simpatia, que é bater e valer!

Material:
- ♥ uma bacia de água ou louça
- ♥ um melão
- ♥ oito gemas cruas e inteiras
- ♥ oito pedaços de fita amarela
- ♥ um quilo de açúcar
- ♥ oito queijadinhas

Preparo:

Num papel escreva seu nome a lápis e ponha dentro da tigela, com o açúcar por cima e o melão em pé. Rodeie com as gemas (coloque delicadamente, pois não podem desmanchar) e com as queijadinhas, sempre fazendo os seus pedidos. Passe as fitas pelo seu corpo e enfeite com elas a seu gosto o presente; se quiser, faça lacinhos. Procure levar para o ponto mais alto da cidade em que você mora, arreie num local limpinho e entregue a Oxum, repetindo sempre seus desejos. Êxito!

Como acalmar e prender a pessoa amada

Material:
- ♥ uma tigela branca, média
- ♥ um prato raso, branco

- ♥ um miolo de boi
- ♥ meio copo de azeite-de-oliva
- ♥ um copo de açúcar cristal
- ♥ um obi claro, ralado
- ♥ duas velas de cera, de 30 cm

Preparo:

Escreva o nome do seu amor sete vezes, num papel e coloque na tigela e acrescente o miolo de boi, o azeite-de-oliva, o açúcar cristal e o obi ralado. Misture tudo com as duas mãos e vá fazendo seus pedidos, com fé. Ao terminar, tampe com o prato e acenda as velas por cima. Após sete dias, enterre no quintal, ou num vaso com planta sem espinho, de preferência que dê flor e vá aguando o local com água e açúcar, sempre fazendo seus pedidos com muito carinho.

Feitiço para abrandar a pessoa amada e deixá-la gamadinha

Esta simpatia deverá ser feita no dia de Santa Bárbara, dia 04/12.

Material:

- ♥ uma panela de barro, com tampa
- ♥ um acarajé grande, redondo
- ♥ uma vez o nome da pessoa
- ♥ sete fios de palha-da-costa
- ♥ água de flor de laranjeira

- água de melissa
- camomila
- um vidro pequeno de mel

Preparo:

Você poderá fritar o acarajé no azeite-de-oliva ou no azeite-de-dendê. Abra-o no sentido horizontal e coloque o nome da pessoa amada dentro, amarrando em seguida com os fios de palha-da-costa, fazendo seus pedidos com firmeza e fé. Coloque-o dentro da panela e cubra com a água de flor de laranjeira, a água de melissa, a camomila e o mel, pedindo que as águas perfumem o seu relacionamento e que o mel adoce e acalme a pessoa amada. Tampe a panela e enterre em um jardim ou aos pés de uma árvore florida. Boa sorte!

Para o seu amor ficar cada vez mais apaixonadinho

Material:

- uma tigela branca, média
- uma pêra d'água, lavada
- açúcar comum
- água de flor de laranjeira
- erva-doce
- 10 velas amarelas

Ponha dentro da tigela o nome do seu amor escrito sete vezes, a lápis, em um pedaço de papel, com o seu nome por cima. Corte a pêra em sete pedaços, no sentido vertical e arrume por cima dos nomes, fazendo os seus pedidos. Cubra com o açúcar, a erva-doce e a água de flor de laranjeira. Ofereça a mãe Oxum e acenda duas velas bem juntinhas, durante cinco dias. Após, leve para uma cachoeira ou para uma mata bem limpinha.

Para unir e não mais se separar do seu amor

Material:
- ♥ meio vidro de água de flor de laranjeira
- ♥ açúcar

Preparo:

Coloque dentro do vidro um papel com o nome do seu amor escrito três vezes, com o seu nome por cima. Complete com o açúcar. Feche bem o vidro e sacuda-o, mentalizando bem o ser desejado, e guarde o vidro junto com suas roupas íntimas.

Faça o seu bem-querer ficar calmo e dócil

Material:
- ♥ uma folha de saião, grande, lavada
- ♥ uma tigela branca pequena
- ♥ um pouco de azeite-de-oliva
- ♥ um prato de sobremesa branco
- ♥ duas velas de sete dias brancas

Fig. 4 – Para unir e não mais se separar do seu amor.

Preparo:

Escreva na folha de saião, a lápis, o nome do seu amor e coloque-a na tigela. Regue com o azeite-de-oliva e vá pedindo a Oxum os seus desejos. Tampe com o prato de sobremesa e acenda as duas velas em cima. Após os sete dias, enterre próximo a uma cachoeira ou rio.

Simpatia para fixar sua imagem na mente do seu homem

De manhã cedinho, quando for lavar o seu rosto, leve uma bacia pequena. Pegue, com a mão direita, um pouco de água e lave suavemente seu rosto, aparando esta água e sempre mentalizando a pessoa desejada, pedindo que ela só tenha olhos para você (molhe os olhos), que só sinta o seu perfume (passe a água pelo seu nariz) e que só tenha palavras gentis e carinhosas com você (molhe os lábios). Repita por três vezes. Faça o mesmo com a mão esquerda, aparando a água. Faça de novo com a mão esquerda e novamente com a direita. A seguir, faça um café ou chá e dê para o seu amor tomar.

Você poderá fazer esta simpatia em qualquer dia e repeti-la quantas vezes for necessário. Bons resultados!

Preceito para Oxum acalmar e trazer de volta a pessoa amada

Se você teve desentendimentos com seu amor e houve uma separação, recorra a esta simpatia, que o retorno da sua paixão será um sucesso a dois.

Material:

- ♥ 1 tigela branca
- ♥ 1 prato branco raso
- ♥ oito gemas de ovos, cruas e inteiras
- ♥ azeite-de-oliva
- ♥ mel
- ♥ água de rosas
- ♥ água de flor de laranjeira
- ♥ água de melissa

Preparo:

Escreva o nome do seu amado sete vezes num papel, e o seu nome em outro pedaço. Coloque um de frente para o outro e ponha dentro da tigela. Acrescente as gemas com cuidado para não desmanchá-las, regue com o azeite-de-oliva, o mel, a água de rosas, a água de flor de laranjeira e a água de melissa, mentalizando os seus pedidos a cada ingrediente colocado. Tampe a tigela com o prato e acenda durante sete dias duas velas de cera de 30 cm, oferecendo a Oxum e fazendo suas preces. Leve, posteriormente, a uma cachoeira ou rio. Tenha certeza de que sairá vencedora!

Para trazer o seu amor de volta

Num papel branco quadrado escreva o nome da pessoa amada e coloque junto um dente de alho descascado. Dobre em cruz e ponha debaixo de um móvel pesado, dizendo as seguintes palavras: *"Como este móvel e pesado e esmaga este dente de alho, que pese o pensamento de 'fulano' para vir comigo falar."*

Pedindo a Oansã que traga sua paixão e esta nunca mais lhe deixar

Este preceito é para ser feito no dia 04/12, dia de Santa Bárbara.

Material:

- ♥ 21 acarajés, fritos no azeite-de-dendê
- ♥ 21 fitas (finas) vermelhas
- ♥ 21 velas

Preparo:

Escreva em 21 pedaços de papel o nome do seu amor. Coloque dentro de cada acarajé e amarre um a um com a fita vermelha, dando um lacinho. Procure um pé de dendezeiro e ofereça a Oyá Topé, pedindo a ela que adoce e prenda a você a sua paixão, acendendo 21 velas ao redor da árvore, tendo o cuidado de não colocar fogo na árvore e nem em volta.

Feitiços para Prender o seu Amor

Como prender a sua paixão em casa ou trazê-la de volta

Esta simpatia só poderá ser feita por quem mora em casa.

Material:
- ♥ um par de sapato usado da pessoa
- ♥ dois ímãs
- ♥ um quilo de açúcar mascavo
- ♥ uma lata de azeite-de-oliva pequena
- ♥ canjica
- ♥ uma garrafa de mel de abelha

Preparo:
Cate bem a canjica e cozinhe, deixe escorra e esfriar.
Coloque dentro de cada sapato os ímãs. Faça um buraco na entrada do seu portão e ponha os sapatos, com o bico em direção da sua porta, acrescente o açúcar, o azeite-de-oliva, a canjica e, por último o mel, fazendo seus pedidos. Tampe o buraco e sapateie bem por cima, sempre pedindo. Esse preceito também poderá ser feito invertidamente.

Feitico para adoçar quem está "amargo"

Material:
- ♥ uma tigela
- ♥ 14 folhas de saião, lavadas

♥ meio copo de óleo de amêndoa
♥ meio copo de óleo de algodão
♥ açúcar mascavo

Preparo:

Num papel escreva o nome do seu amor e por cima escreva o seu. Coloque na tigela com as folhas de saião por cima, acrescentando, a seguir, o óleo de amêndoas e o óleo de algodão. Cubra com o açúcar mascavo e vá pedindo que mamãe Oxum acalme e adoce o seu amado e una os corações. Ponha num lugar alto, dentro de sua casa. Após cinco dias leve a um local de matinho e arreie aos pés de uma árvore frondosa, que não tenha espinhos. Com certeza vai dar certo.

Simpatia para sua paixão liberar dinheiro para você

Esta simpatia também poderá ser feita para aquele seu patrão "mão-fechada", um amigo que lhe deve... Se o devedor for canhoto, compre uma mão de cera esquerda ou vice-versa.

Material:

♥ uma panela de barro com tampa
♥ duas folhas de mamona, lavadas
♥ uma mão de cera
♥ um ímã
♥ meio quilo de farinha-de-mesa (mandioca)
♥ mel
♥ sete quiabos crus, pequeninos, bem retos
♥ um metro e meio de fita branca, fininha

Preparo:

Corte a fita branca em sete pedaços e amarre na parte mais grossa dos sete quiabos, dando um nozinho. Dentro da panela coloque a folha de mamona, a mão de cera com o nome da pessoa escrito na sua palma, o ímã por cima e os quiabos em pé, ao redor, com a parte mais fina para cima. Faça uma farofa com a farinha, o mel, uma pitada de sal e coloque por cima de tudo, fazendo seus pedidos a Iemanjá. Ponha a outra folha de mamona por cima, tampe a panela e guarde dentro de sua casa.

Obs.: Se a pessoa freqüenta a sua casa, enterre no quintal e coloque alguma planta que dê flor por cima. Se morar em apartamento, enterre num vaso.

Para que seu amor não consiga ficar longe você

Lave-se bem com sabão de coco (ou sabão-da-costa) do umbigo para baixo, lavando bem suas parte íntimas. Enxagüe-se bem e pegue um pouco dessa água. Coloque-a dentro de um vidro de boca larga, com o nome da pessoa escrito sete vezes num papel, a lápis. Ponha dentro um par de meia suada, da pessoa desejada, com uma gota de azougue. Faça seus pedidos na boca do vidro e tampe bem. Enterre próximo à sua porta de entrada ou dentro de um vaso de planta, na sua casa. Boa sorte!

Fig. 5 - Para que seu amor não consiga ficar longe de você.

Ajude o seu amor a ter sucesso

Num casal se o sucesso vem para um dos dois, ele será compartilhado. Então, traga o sucesso para o seu amado!

Material:
- ♥ uma gamela oval
- ♥ farinha-de-mandioca
- ♥ mel
- ♥ azeite-de-oliva
- ♥ sete cavalos-marinhos
- ♥ sete nozes-moscadas
- ♥ sete pedaços de ímã
- ♥ sete quiabos crus, bem retinhos
- ♥ sete pedaços de cristal branco
- ♥ uma estrela-do-mar de cinco pontas
- ♥ um pouco de purpurina prateada

Preparo:

Procure vestir-se de roupa clara ao fazer esta simpatia.

Escreva o nome da pessoa, num papel, juntamente com a data do nascimento. Faça uma farofa com a farinha, o mel, o azeite e uma pitada de sal e coloque dentro da gamela. Ponha no centro a estrela-do-mar. Enfeite com os cavalos-marinhos, as nozes-moscadas, os pedaços de ímã, os quiabos com as pontinhas finas viradas para cima e os cristais. Leve para o alto de um morro, pedindo ao orixá Okô que levante a vida da pessoa, que ela tenha sucesso em tudo que empreender. Após, coloque a purpurina por cima e continue com seus pedidos, rogando que em tudo que a pessoa realizar se transforme em ouro, prata, sucesso, prosperidade, brilho etc.

Corte as influências negativas do seu relacionamento amoroso

Material:

- uma tigela branca, média
- 250 g de canjica cozida
- essência de baunilha
- meio metro de morim branco
- sete folhas de saião, lavadas
- dois ovos crus

Preparo:

Em dois pedaços de papel escreva o nome das pessoas a lápis; num, ponha o seu, no outro, o do amado. Coloque-os de frente um para outro, bem juntinhos. Ponha dentro da tigela, acrescente a canjica, enfeitando com as folhas de saião e os dois ovos fincados no meio, com a ponta fina para cima. Regue com a essência de baunilha, fazendo seus pedidos. Feche bem com o morim e amarre no galho de uma árvore bem frondosa.

Para que feitiço nenhum venha atrapalhar sua vitalidade amorosa

Este preceito só poderá ser feito por quem mora em casa.

Material:
- ♥ uma quartinha de barro, sem alça
- ♥ uma tesoura velha, de aço (sem ferrugem)
- ♥ um prego grande, virgem
- ♥ um pedaço de ímã
- ♥ uma moeda de cobre
- ♥ uma ferradura
- ♥ uma agulha grossa
- ♥ azeite-de-dendê
- ♥ vinho branco
- ♥ um orobô

Preparo:

Coloque dentro da quartinha a tesoura com a ponta para baixo, o prego de cabeça para baixo, o ímã, a moeda, a agulha e o orobô. Ponha o azeite-de-dendê e o vinho branco. Tampe e enterre no lado direito de quem entra, no seu portão. Coloque a ferradura por cima e cubra com terra. Faça um inhame cozido, para Ogum, enfeitado com 21 taliscas de mariô e uma bandeira branca fincada, pedindo que ele vença as demandas e as guerras, já que Ogum é o grande guerreiro e o orixá do ferro. De seis em seis meses ofereça esse inhame no mesmo local. É muito bom e, com certeza, você vencerá os atrapaihos da sua vida amorosa.

Fig. 6 - Para feitiço nenhum, venha atrapalhar sua vitalidade amorosa

Como fazer grandes conquistas amorosas

Material:
- ♥ um alguidar médio (pintado de branco)
- ♥ 14 trevos de quatro folhas
- ♥ 14 maçãs verdes, lavadas
- ♥ 14 ramos de trigo
- ♥ 14 sementes de girassol
- ♥ 14 folhas de louro, bem verdinhas
- ♥ 14 rosas brancas (de preferência, de jardim)
- ♥ 14 quiabos crus, retor
- ♥ 14 bombons brancos, sem o papel
- ♥ seu perfume preferido

Preparo:

Dentro do alguidar coloque as maçãs com os trevos por cima, pelas laterais ponha os ramos de trigo, enfeitando. Acrescente as sementes de girassol, as folhas de louro, os quiabos com as pontinhas finas para cima. Passe pelo seu corpo, simbolicamente, os bombons e as rosas e coloque no presente, enfeitando a seu gosto. Procure uma estrada longa e coloque embaixo de uma árvore bem bonita, sem espinhos, que esteja à margem da rodovia, ponha um pouco de perfume e ofereça a Oxumarê, pedindo a ele que você realize grandes conquistas e tenha sucesso amoroso total nos seus relacionamentos.

Simpatia para Ogum cortar as demandas do seu casamento

Material:
- ♥ um pão-doce grande, de preferência com frutas
- ♥ uma faca com cabo de madeira, virgem
- ♥ um metro de fita branca
- ♥ um metro de fita azul
- ♥ uma vela azul (ou branca)

Preparo:
Parta o pão-doce no sentido horizontal. Escreva o nome do seu amor sete vezes, a lápis, num papel, com o seu por cima. Coloque o papel dentro do pão-doce e una as duas partes do pão com as fitas, dando dois laços bem bonitos. Coloque no pé de um coqueiro ou palmeira e acenda uma vela. Passe a faca, simbolicamente, no seu corpo e enterre-a aos pés da palmeira, pedindo que Ogum corte as demandas e desacertos. Faça seus pedidos com fé e, com certeza, será atendido.

Para prender um homem (ou mulher) e ele(a) nunca mais lhe deixar

Material:
- ♥ dois corações de cera
- ♥ uma tigela grande

- ♥ azeite-de-oliva
- ♥ óleo de amêndoas
- ♥ meio kg de batata-doce cozida e amassada, sem casca

Preparo:

Escreva num coração o seu nome e no outro o nome do seu amor. À parte, em dois pedaços de papel, faça o mesmo. Coloque no coração que tem seu nome o papel que traz o nome dele e no coração que tem o nome do seu amor, o papel com seu nome. Encha os corações com a batata-doce amassada e vá fazendo seus pedidos. Ponha dentro da tigela, juntinhos, e cubra com o azeite-de-oliva e o óleo de amêndoas. Acenda durante sete dias duas velas de cera, de 30 cm, Ao final desse período, enterre numa praia que não tenha muitas ondas.

Para quebrar as forças, revoltas e nervosismo do seu amor

Material:
- ♥ meio quilo de arroz branco, cru
- ♥ um alguidar vidrado
- ♥ 21 folhas de saião, grandes e lavadas
- ♥ um pouco de óleo de amêndoas
- ♥ um pouco de óleo de algodão
- ♥ um pouco de óleo de arroz
- ♥ 14 velas brancas

Preparo:
Escreva em cada folha de saião o nome do seu amor. Ponha dentro do alguidar e cubra com o arroz, de forma a não encher demais o alguidar. Acrescente o óleo de amêndoas, o óleo de algodão e o óleo de arroz. Acenda duas velas juntas durante sete dias, fazendo seus pedidos. Deixe esse preceito arriado por tempo indeterminado em sua casa, ou leve a uma mata fechada, em local onde não bata Sol, colocando perto de uma árvore sem espinhos e entregue a Iyá Ori e Babá Ori.

Para que seu amor não tenha olhos para outra pessoa

Material:
- ♥ uma tigela branca
- ♥ um omolocum (ver receita à pág, 23)
- ♥ cinco ovos crus, de galinha dê quintal
- ♥ um par de olho de boneca
- ♥ cinco maçãs vermelhas bem bonitas
- ♥ mel
- ♥ um bom perfume (menos alfazema)
- ♥ cinco velas de 30 cm

Preparo:
Dentro da tigela coloque um papel com o nome da pessoa amada. Ponha o omolocum por cima e enfeite com os ovos, o par de olho de boneca e as cinco maçãs. Regue com mel, Borrife o perfume e

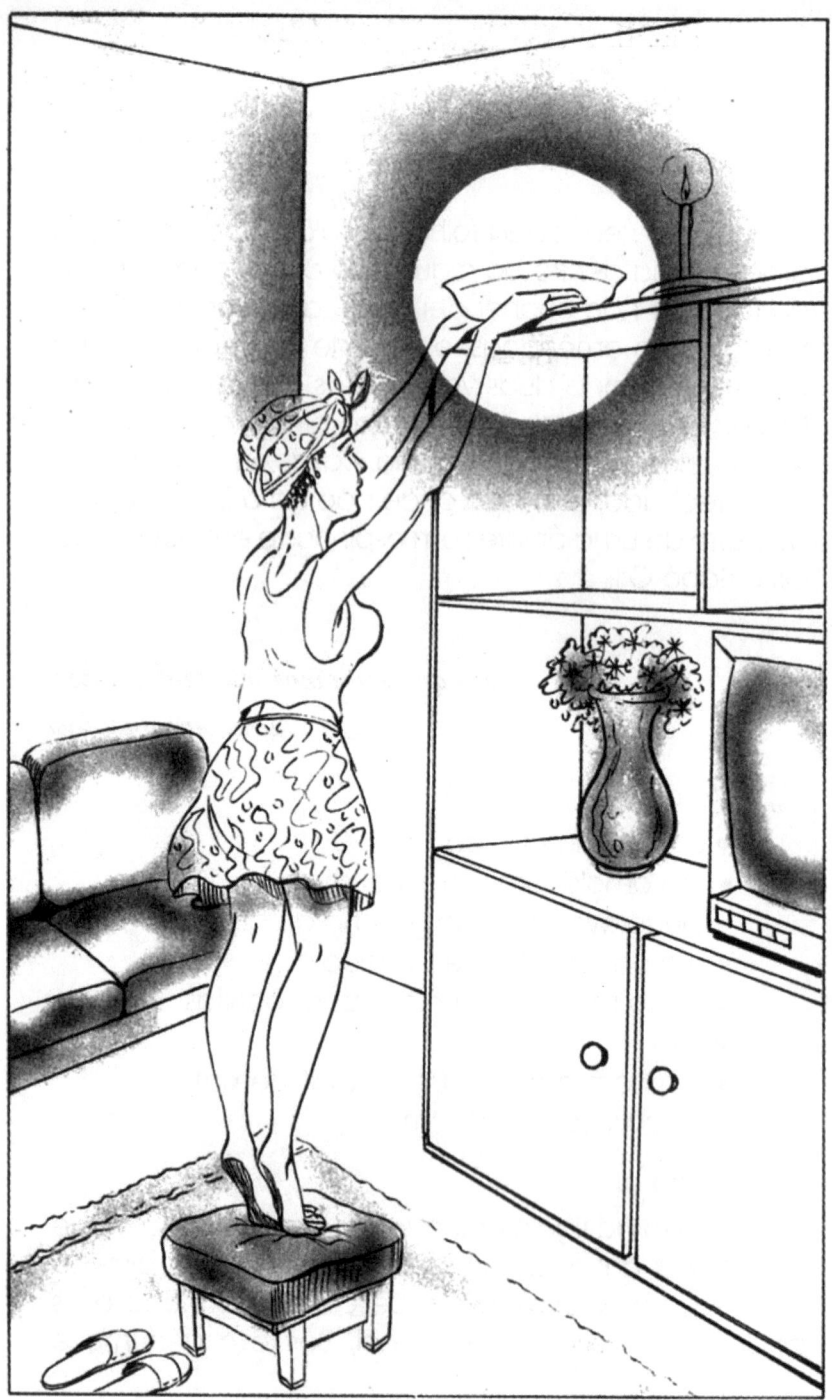

Fig. 7 – Para que seu amor não tenha olhos para outra pessoa.

faça seus pedidos à deusa do amor, Oxum. Peça a ela que seu amor não tenha olhos para mais ninguém, que só tenha pensamentos voltados para você. Coloque em local resguardado em sua casa ou aos pés do ibá de Oxum, se você tiver. Acenda uma vela de 30 cm durante cinco dias, sempre repetindo seus pedidos. Ao final, leve a uma cachoeira, mas retire o par de olhos, guardando-o consigo.

Para aquela cansamento que está difícil de se realizar

Material:
- ♥ um omolocum (ver receita à pág, 23)
- ♥ uma travessa branca
- ♥ um par de noivos (de porcelana)
- ♥ um par de alianças (pode ser de bijuteria)
- ♥ mel
- ♥ duas velas de sete dias, amarelas

Preparo:

Coloque na travessa um papel com os nomes das pessoas escritos a lápis. Por cima, ponha o omolocum. Arrume os noivos no centro, com as alianças na frente. Regue com bastante mel, acenda as duas velas juntinhas e vá fazendo seus pedidos à mãe Oxum. Deixe arriado por cinco dias, em casa, refazendo seus pedidos diariamente. Após, leve para um rio limpo, retire os bonecos e guarde-os com muito carinho.

Feitiços para Prender o seu Amor

Para prender em casa o seu marido farrista

Material
- ♥ dois pés de cera (direito e esquerdo)
- ♥ dois pedaços de ímã
- ♥ uma peça íntima da pessoa
- ♥ açúcar mascavo
- ♥ um vaso com terra

Preparo:

Em cada pé de cera escreva o nome do seu amor, na sola. Dentro de cada pé coloque um ímã e um pedaço da roupa íntima. Coloque os pés de cera, voltados para dentro de casa, dentro do vaso de planta. Cubra com o açúcar mascavo e coloque a terra. Marque bem esse vaso, para não inverter a posição dos pés, para que seu trabalho não saia invertido e plante nele uma palmeira, um comigo-ninguém-pode, uma espada-de-são-jorge etc.).

Tirando a negatividade do seu marido com relação a você

Material:
- ♥ sete ovos
- ♥ óleo de amêndoa
- ♥ azeite-de-oliva
- ♥ mel

Fig. 8 - Para prenderem casa o seu marido farrista.

Preparo:

Escreva, em cada ovo, o nome do seu marido. Procure uma árvore NÃO frutífera. Faça um buraco na frente da árvore. Passe os ovos, simbolicamente, em seu corpo, de cima para baixo e coloque-os no buraco. Com o pé esquerdo em cima dos ovos diga as seguintes palavras: "não estou quebrando estes ovos; estou, sim, quebrando as forças, o mau gênio, as revoltas, as quizilas etc, de *fulano*." Pressione o pé e quebre os ovos. Feche o buraco e diga: "estou enterrando as forças, os pensamentos negativos, o gênio, as revoltas de *fulano* para comigo." Regue com o óleo de amêndoa, o azeite-de-oliva e o mel. Essa simpatia é muito poderosa. Após esse preceito, faça um outro para adoçar a pessoa amada. Procure no livro uma simpatia neste sentido.

Para evitar maus-tratos

Material
- ♥ uma cabeça de cera masculina (ou feminina, conforme a necessidade)
- ♥ um miolo de boi
- ♥ farinha de mandioca (de mesa)
- ♥ pó de carvão
- ♥ mel

Preparo:

Embaixo de uma árvore sem espinhos faça um buraco e ponha lá dentro um papel com o nome da pessoa, escrito sete vezes, a lápis. Coloque o miolo e, por cima, a cabeça de cera. Com o pé esquerdo, quebre a cabeça e vá pedindo que a pessoa torne-se menos bruta, seja mais maieável, mais carinhosa, mais companheira, enfim tudo o que você quiser de transformação. Coloque por cima uma farofa feita com a farinha-de-mandioca, o pó de carvão, o mel e uma pitada de sal. Tampe o buraco e sapateie em cima dele.

Para tirar bebida do seu marido

Simpatias que a vovó ensinava geralmente dão muito certo. Por isso, estamos lhe ensinando esta, que faz parte das crenças das vovozinhas.

Pegue uma garrafa de cachaça e acrescente sete gotas de leite materno de mulher que esteja amamentando uma criança do sexo feminino. Ponha a garrafa no mesmo local.

Se a simpatia for para mulher, o leite materno deverá ser de mulher amamentando criança do sexo masculino.

Feitiço para prender seu homem

Material:
- ♥ um vaso de planta
- ♥ terra
- ♥ um pé de comigo-ninguém-pode
- ♥ um miolo bovino
- ♥ óleo de amêndoa
- ♥ uma maçã, lavada, cortada em quatro

Preparo:

Coloque dentro do vaso metade da terra. Escreva num papel sete vezes o nome do homem amado e ponha no vaso. Acrescente o miolo de boi e a maçã por cima. Regue com o óleo de amêndoa, coloque um pouco de terra, o pé de comigo-ninguém-pode e o restante da terra, sempre pedindo o que você quer. Procure conversar sempre com esta planta. Quando puder, mostre-a ao Sol e à Lua. Trate dela muito bem, com carinho e faça sempre seus pedidos. Você conseguirá.

Cortando a parte violenta do seu amor

Material:

- ♥ uma quartinha branca, grande, sem alça
- ♥ um miolo de boi
- ♥ essência de baunilha
- ♥ água de flor de laranjeira
- ♥ água de rosas
- ♥ água de melissa
- ♥ cinco folhas de saião, lavadas
- ♥ azeite-de-oliva
- ♥ açúcar cristal
- ♥ vinho branco doce
- ♥ um metro de morim branco

Preparo:

Dentro da quartinha ponha um papel com o nome da pessoa. E acrescente o miolo. Regue com a essência de baunilha, a água de flor de laranjeira, a água de rosas e a água de melissa, fazendo seus pedidos. Acrescente as folhas de saião, o azeite e o vinho. Tampe e amarre com o morim. Leve para a beira de um rio ou do mar, quando da maré vazante e enterre bem próximo à água, pedindo que Iemanjá e Olokum quebrem as forças da pessoa, que enterre juntamente o mau gênio, a violência etc, da pessoa amada. Firme seu pensamento e tenha muito fé, pois com ela se consegue tudo.

Encanto para conseguir a casa dos sonhos de vocês dois

Material:
- uma travessa de porcelana (cor da sua preferência)
- nove acarajés (ver receita à pág. 23)
- uma casinha de cera
- uma chave
- nove pedaços de ímã
- nove rosas vermelhas

Preparo:

Ao fazer esta simpatia, vá memorizando e sonhando com a casa que deseja.

Frite os acarajés no azeite-de-dendê. Ponha a casinha no centro da travessa, com os acarajés rodeando-a, e enterre os ímãs em cada acarajé. Coloque a chave na frente da casa e enfeite com as rosas. Leve este trabalho a um bairro que esteja em crescimento, a um shopping em construção, a um condomínio próspero, enfim, a algo que esteja em surgimento, e arreie, pedindo a lansã que ajude que vocês consigam a tão sonhada casa para viver o seu grande amor. Não é necessário acender vela.

Para o coração do seu amor palpitar só por você

Material:
- ♥ um coração de boi, inteiro
- ♥ uma panela de barro vidrada
- ♥ canjica cozida, lavada e escorrida
- ♥ essência de baunilha
- ♥ um pouco de óleo de arroz
- ♥ um pouco de azeite-de-oliva
- ♥ água de rosas
- ♥ pétalas de rosas brancas, de jardim
- ♥ meio quilo de açúcar cristal
- ♥ 14 velas

Preparo:
Dentro do coração coloque um papel onde tenha escrito, a lápis, sete vezes o nome do seu apaixonado. Ponha dentro da panela de barro, cubra com a canjica, a essência de baunilha, o óleo de arroz, o azeite-de-oliva, a água de rosas e o açúcar, fazendo seus pedidos na colocação de cada ingrediente. Enfeite com as pétalas de rosas brancas e acenda duas velas juntinhas, durante sete dias. Após esse tempo enterre no seu quintal e jogue açúcar por cima ou enterre numa praça bem florida.

Corte o egoísmo do seu amor

Material:
- ♥ uma bacia de ágata
- ♥ um omolocum (ver pág. 23)
- ♥ oito ovos crus de galinha de quintal
- ♥ oito quindins
- ♥ oito ramos de trigo
- ♥ oito bombons brancos, sem opapel
- ♥ oito peras d'água
- ♥ oito conchas do mar (apanhadas em Lua cheia, nova ou crescente e na maré cheia)
- ♥ uma faca virgem
- ♥ azeite-de-oliva
- ♥ fios-de-ovos

Preparo:
Ponha dentro da bacia o nome da pessoa, escrito num papel, a lápis e acrescente o omolocum. Rodeie com os ovos inteiros, os quindins, os ramos de trigo e os bombons. Corte as peras em quatro partes, com a faca virgem e enfeite, ao mesmo tempo que vai fazendo os seus pedidos. Arrume a faca e as conchas no presente, regue com o azeite e cubra com os fios-de-ovos. Vá a uma cachoeira, mentalize a pessoa querida e entregue próximo à água, pedindo tudo que deseja à mamãe Oxum. Rogando com fé. você será atendida, com certeza.

Para adoçar

Material:

- ♥ uma tigela
- ♥ um prato de sobremesa
- ♥ 32 morangos bonitos e lavados
- ♥ açúcar cristal
- ♥ mel
- ♥ azeite-de-oliva
- ♥ duas velas de sete dias, amarelas

Preparo:

Ponha no fundo da tigela um papel com o nome do seu amor e, por cima, o seu. Acrescente os morangos, bem arrumadinhos, coloque o mel e o azeite-de-oliva è cubra com o açúcar cristal. Tampe com o prato e acenda duas velas de sete dias amarelas. Faça seus pedidos e chame pelo anjo da guarda da pessoa amada, pedindo a ele que una vocês dois, que adoçe, que amanse. Arreie em casa, à beira de uma nascente de rio ou à beira do mar.

Encanto para a pessoa ficar gentil, amorosa, carinhosa e apaixonadinha

Material:

- ♥ um vidro de boca larga, com tampa
- ♥ cinco vezes o nome do seu amor

♥ cinco pêssegos em calda, sem caroço
♥ cinco pedaços de ímã
♥ cinco pedaços de cristal
♥ um espelho

Preparo:

Pegue o espelho, mire-se nele e chame bastante pelo seu amor. Coloque-o dentro do vidro junto com os demais elementos acima. Faça seus pedidos e feche bem. Sacoleje, sempre rogando e guarde.

Obs.: Este preceito não pode ser despachado. Tome cuidado para não quebrar o vidro, pois se isto acontecer o preceito estará desfeito. Você terá que refazê-lo.

Vamos acalmar o seu amor pelos caminhos de Iemanjá

Todos nós queremos que nosso amor seja mais nosso companheiro, amigo de todas as horas e situações, interessado no nosso dia-a-dia, fazendo uma relação se tornar excelente. Esta simpatia vai fazer com que sua paixão se torne mais dócil, caseiro, participante.

Material:

♥ duas maçãs
♥ um prato branco
♥ 250 g de arroz branco
♥ azeite-de-oliva
♥ mel
♥ duas velas de cera, de 30 cm

Preparo:

Cate o arroz, lave-o bem e cozinhe com uma pitadinha de sal. Deixe esfriar. Escreva o nome do seu amado quatro vezes, com o seu por cima e ponha no prato. Cubra com o arroz. Corte uma das maçãs em quatro e coloque em cima; fatie a outra e enfeite com ela o prato. Vá fazendo seus pedidos a Iemanjá. Regue com o azeite-de-oliva e o mel, acenda as duas velas juntinhas e arreie em casa mesmo ou leve a uma praia. Felicidades.

Para Iemanjá deixar a pessoa mais amável

Por ser conhecida como a "mãe de todos os orixás", dá a Iemanjá o status de nossa mãe, eéa ela a quem recorremos quando queremos viver com mais tranqüilidade e ter um(a) companhelro(a) mais flexível, mais bondoso, de trato agradável.

Material:

♥ meio quilo de arroz branco
♥ uma travessa branca
♥ um prato branco
♥ óleo de amêndoa
♥ água de flor de laranjeira
♥ água de melissa
♥ oito folhas de saião, lavadas
♥ 16 velas verdes-clarinhas (ou brancas)

Fig. 9 – Para Iemanjá deixar a pessoa mais amável

Preparo:

Cate o arroz e cozinhe-o bem. Deixe esfriar e vá amassando até tornar-se uma papa. Faça oito bolas e coloque dentro de cada bola, escrito a lápis, num papel, o nome da sua paixão. Coloque-as dentro da tigela, vá fazendo seus pedidos e regando com o óleo de amêndoa, a água de flor de laranjeira e a água de melissa. Enfeite com as folhas de saião e tampe a tigela com o prato branco. Durante oito dias acenda duas velas de cera juntas e peça o que quiser a Iyá Ori. Ao final desse tempo, leve para uma praia ou à beira de um rio limpinho, num lugar que não bata muito Sol. Axé.

Para que a sua viagem ou lua-de-mel seja inesquecível

Faça este preceito na Lua crescente ou cheia, numa terça ou quinta-feira e procure usar roupa branca.

Material:

- ♥ um alguidar de barro vidrado
- ♥ sete pães-doces bem bonitos, pequenos
- ♥ sete taliscas de mariô (ver à pág. 24)
- ♥ sete acaçás brancos, sem a folha
- ♥ meio quilo de milho vermelho torrado com
- ♥ uma pitada de sal
- ♥ sete maçãs verdes, lavadas
- ♥ sete quiabos crus e retinhos
- ♥ sete ramos de louro, bem verde

♥ sete moedas atuais, lavadas
♥ um orobô

Preparo:

Lave e seque o alguidar. Ponha na boca o orobô e fique com ele até o término do preceito. Passe simbolicamente, de baixo para cima, no seu corpo, os pães-doces e coloque no alguidar. Enterre em cada pão as taliscas de mariô e ponha em volta os acaçás, as maçãs, os quiabos com as pontinhas finas para cima, os ramos de louro, as moedas passadas antes pelo seu corpo e, por último, o milho vermelho torrado. Dê sete mordidas leves no orobô e coloque-o dentro do presente, Leve a uma mata limpa e entregue para Ogum, em nome de Oxóssi, Ossanhe e Iemanjá, fazendo seus pedidos. Boa viagem e bons augúrios!

Para Oxum atrair a pessoa amada

Às vezes a pessoa de nossa atração só precisa de um pequeno empurrãozinho para se aproximar. Nesta ocasião, a ajuda de mamãe Oxum é imprescindível!

Material:

♥ meio quilo de batata-doce, cozida e descascada
♥ uma travessa branca
♥ mel
♥ duas velas amarelas

Preparo:

Amasse a batata-doce e faça oito bolas. Escreva o nome do seu amor, a lápis, em oito pedaços de papel e introduza-os em cada bola. Coloque tudo dentro da travessa e regue com uma quantidade de mel que cubra totalmente as bolas de batata-doce, fazendo seus pedidos à rainha do amor, Oxum. Acenda as duas velas e coloque em sua casa mesmo ou, se quiser, leve a uma cachoeira. Tenha certeza de que a deusa do amor irá escutá-la e atendê-la.

Como amarrar a pessoa amada

Material:

- ♥ dois porta-jóias pequenos, de louça, em formato de coração
- ♥ um quilo de batata-baroa (mandioquinha, batata-salsa) cozida e amassada
- ♥ uma travessa amarela
- ♥ um par de alianças (pode ser bijuteria)
- ♥ mel
- ♥ azeite-de-oliva
- ♥ duas velas amarelas

Preparo:

Coloque num porta-jóia um papel com o nome dele escrito a lápis e, no outro, um papel com o seu nome. Ponha por cima um pouco da batata-baroa amassada. Num porta-jóia acrescente mel, no outro, azeite-de-oliva e, por cima, uma aliança em cada porta-jóia. Coloque os dois na travessa, bem juntinhos,

Fig. 10 - Como amarrar a pessoa amada.

Ponha o resto da batata-baroa em volta dos dois e acenda as duas velas na frente, fazendo os seus pedidos à Oxum. Deixe até secar. Posteriormente, lave os porta-jóias e deixe-os no seu quarto, bem juntos, com as alianças dentro.

Para Iemanjá não deixar que seu amor lhe abandone

Material:

- ♥ um peixe (corvina, cioba ou peixe-batata)
- ♥ 250 g de arroz branco
- ♥ meio metro de morim branco
- ♥ 250 g de canjica
- ♥ fitas brancas

Preparo:

Cate bem o arroz, lave-o e ponha para cozinhar, com uma pitada de sal. Limpe bem a canjica, lave e cozinhe-a. Escorra e deixe esfriar.

Retire somente as vísceras do peixe, não escame-o e nem retire as güelras. Lave-o bem, seque e recheie com o arroz já frio. Faça uma carta com todos os seus pedidos e desejos. Ponha o nome do seu amor e assine o seu por cima. Coloque essa carta na boca do peixe, abra o morim e ponha o peixe dentro. Cubra com a canjica e feche o morim como se fosse um presente. Enfeite bem bonito com as fitas brancas. Ofereça à Iemanjá em alto mar. (Você também pode pegar uma barca que faça passeios por alto mar.)

Obs.: Esse presente também é muito bom para pedir prosperidade e saúde.

Pedindo a Maria Padilha que traga de volta o amor que se foi

Material:

- ♥ massa de acarajé (ver receita à pág. 23)
- ♥ um prato de barro
- ♥ sete velas vermelhas
- ♥ azeite-de-dendê
- ♥ mel

Preparo:

Faça uma pequena massa de acarajé sem camarão, o suficiente para fazer um acarajé de tamanho médio. Acrescente na massa um papel com o nome do seu amor, na hora de fritar. Conforme for fritando o acarajé, no azeite-de-dendê, vá chamando pela pessoa, pedindo pela sua volta. Coloque num prazo de barro, acrescente bastante mel e leve a uma encruzilhada distante da cidade, sem muito movimento. Rodeie com as sete velas vermelhas. Se puder, leve umas rosas vermelhas ou brancas e ofereça-as. Faça seus pedidos à Maria Padilha, com muita fé e, com certeza, será atendida.

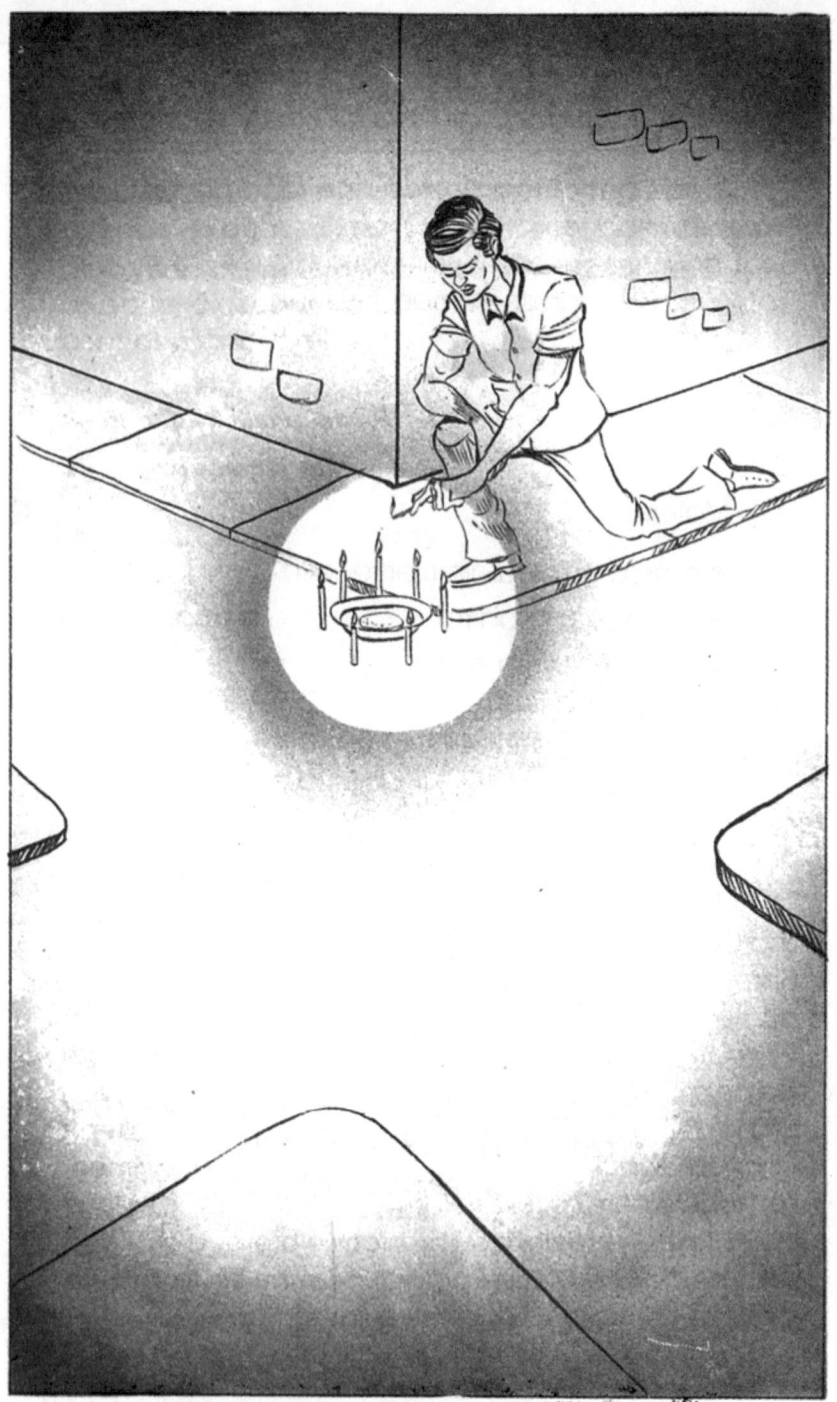

Fig. 11 – Pedindo a Maria Padilha que traga de volta o amor que se foi.

Para a Falange dos Ciganos enriquecer o seu relacionamento amoroso

Material:

- ♥ uma sopeira de louça
- ♥ farinha de mandioca
- ♥ mel
- ♥ dois ímãs
- ♥ dois pedaços de cristal
- ♥ sete qualidades de fruta (uma fruta de cada)
- ♥ sete ramos de trigo
- ♥ incenso
- ♥ um lenço estampado, bem bonito
- ♥ duas velas amarelas

Preparo:

Escreva, num papel, a lápis, o nome do(a) amado(a) e o seu por cima. Ponha na sopeira. Com a farinha de mandioca, o mel e uma pitada de sal, faça uma farofa, que você irá colocar na sopeira. Acrescente os ímãs, as pedras de cristal e enfeite com os ramos de trigo e as frutas. Faça com o lenço um bonito laço em volta. Se tiver disponibilidade, leve umas rosas amarelas, sem os espinhos, e também um vidro de perfume. Entregue num campo aberto, bem bonito, mas que seja rodeado por muitas árvores. Acenda o incenso e as duas velas amarelas e peça ajuda à Falange dos Ciganos.

Pedindo ao Cigano Wladimir aquele amor impossível

Material:

- ♥ um metro de cetim azul
- ♥ quatro velas azuis
- ♥ sete tipos de frutas (uma de cada)
- ♥ sete tipos de doces finos (de padaria)
- ♥ um cravo branco
- ♥ um cravo azul (colorido com anil)
- ♥ um prato branco

Preparo:

Vá a um campo aberto, mas é necessário que exista ao seu redor árvores. Estenda na grama o cetim azul, arrume bem bonito o prato com os doces e as frutas, chamando pelo Cigano Wladimir, fazendo seus pedidos. Enfeite com os cravos. Nas quatro pontas do presente, acenda as velas, com cuidado para não deixar muito próximo ao pano e pegar fogo. Clame por conseguir que aquele amor impossível se torne fácil de ser conquistado.

Encanto de Maria Padilha para fazer seu amor ficar cada vez mais apaixonado por você

Material:

- ♥ uma travessa branca de louça
- ♥ 21 corações de galinha

- ♥ 21 morangos
- ♥ 21 velas vermelhas
- ♥ mel de abelhas
- ♥ azeite-de-oliva
- ♥ pétalas de rosas vermelhas
- ♥ perfume de boa qualidade
- ♥ um champanhe

Preparo:

Escreva em 21 pedaços de papel o nome do seu pretendente e ponha dentro de cada coração. Coloque-os dentro da travessa e, ao lado, acrescente os morangos. Regue com o mel e azeite e enfeite com as pétalas de rosas. Entregue numa encruzilhada aberta, de terra, não muito movimentada e rodeie com as velas, pedindo que Maria Padilha aproxime seu amor cada vez mais de você etc. Borrife o perfume por cima e em volta do presente. Abra o champanhe, coloque um pouco no presente e deixe a garrafa na frente. Saúde a "moça" e saia confiante.

Presente para o Exu Capa-Preta afastar sua rival

Faça esta simpatia numa segunda ou sexta-feira, na Lua minguante.

Material:

- ♥ nove pedras de carvão vegetal
- ♥ nove bolas de feijão preto

- nove pregos grandes, virgens
- nove agulhas grossas, virgens
- cachaça
- 1 colher (sopa) de sal amargo
- nove pimentas-malagueta
- nove galhos de dormineira
- um miolo bovino
- nove velas pretas

Preparo:

Faça um buraco aos pés de uma árvore seca, de mais ou menos 30 cm de fundo. Escreva em nove pedaços de papel o nome da sua rival e ponha dentro das bolas de feijão preto (feijão bem cozido e amassado. Sempre fazendo seus pedidos, coloque dentro do buraco as pedras de carvão, as bolas de feijão, espete nas bolas os pregos, as agulhas, acrescente a cachaça, o sal amargo, as pimentas-malagueta, a dormideira e o miolo bovino. Feche o buraco e peça ao Exu Capa Preta que afaste a rival do seu caminho, da vida do seu marido etc. Após, acenda as nove velas pretas.

Para Maria Malambo desembaraçar a "paquera"

Material:

- uma panela vidrada, com tampa
- um coração bovino
- um metro de pano bem estampado, predominando a cor vermelha

- ♥ um carretel de linha vermelha
- ♥ dois litros de caldo de cana
- ♥ meio litro de mel
- ♥ uma vela vermelha grossa

Preparo:

Escreva num papel o nome da pessoa desejada e a data do nascimento (se souber), ponha dentro da abertura do coração do boi e coloque-o na panela. Cubra-o totalmente com o caldo de cana. Na boca da panela faça seus pedidos e tampe-a imediatamente. Enrole-a no pano e dê vários nós, sempre confirmando seus desejos. Passe em volta do presente todo o carretel de linha. Procura uma encruzilhada aberta, tranqüila e enterre o presente num dos cantos, entregando à Maria Molambo, colocando por cima o mel. Acenda a vela e, com fé, espere os resultados!

Como fazer a Pombra-Gira Maria Padilha "correr gira" e trazer seu amor

Material:
- ♥ uma panela de barro sem tampa
- ♥ farinha-de-mandioca
- ♥ mel
- ♥ azeite-de-oliva
- ♥ um coração bovino
- ♥ sete rosas vermelhas, sem o talo e sem espinhos

- ♥ sete velas vermelhas
- ♥ uma garrafa de anis
- ♥ sete cigarrilhas
- ♥ sete fitas vermelhas

Preparo:

Se, por acaso, seu amor tiver ido embora, coloque o nome dele escrito num papel dentro da panela, caso contrário, inicie sem esse detalhe.

Faça esse presente em um campo limpinho, bem arborizado, na Lua nova. Se tiver a sua casa de Exu, coloque nela.

Faça uma farofa com o mel, o azeite e uma pitada de sal e ponha na panela, acrescentando o coração, colocado com a ponta para cima. Coloque as rosas em volta do coração e derrame um pouco de anis. Enfeite com as fitas a seu gosto, acendendo a seguir as cigarrilhas. A garrafa de anis coloque à frente do presente. Faça os seus pedidos à Maria Padilha, não esquecendo de pedir que ela "corra gira" e traga o seu amor.

Para Maria Molambo salvar o relacionamento desgastado

Material:
- ♥ uma travessa de barro
- ♥ farinha-de-mandioca
- ♥ óleo de amêndoa
- ♥ mel

- ♥ pétalas de oito rosas amarelas (ou brancas), de jardim
- ♥ um pacote de araruta
- ♥ oito maçãs vermelhas
- ♥ oito velas amarelas
- ♥ oito ovos cozidos (só vai utilizar as gemas)
- ♥ champanhe

Preparo:

Junte a farinha-de-mandioca, a araruta, o óleo, o mel, as pétalas de rosa e uma pitada de sal e faça uma farofa. Escreva oito vezes o nome da pessoa desejada e coloque no fundo da travessa, com a farofa por cima, enfeitando com as maçãs e as gemas. Leve a um gramado limpinho, arreie e acenda as velas ao redor. Abra o champanhe e ofereça à Maria Molambo, pedindo que restabeleça o seu relacionamento, que traga paz, harmonize o ambiente do seu lar etc. Boa sorte!

Outra d e Maria Molambo
para adoçar o seu amado

Compre um champanhe de boa qualidade. Sacuda-o bem e abra. Após parar de jorrar, coloque dentro da garrafa um papel com o nome da pessoa desejada escrito 21 vezes, acrescente 21 cravos-da-índia e 21 pedaços de canela-em-pau. Faça seus pedidos à Maria Molambo na boca da garrafa e arrolhe-a. Leve à margem de um rio ou cachoeira e enterre.

Pedindo à Pomba-Gira Menina que torne seu amor mais descontraído, mais alegre

Material:
- ♥ um prato branco
- ♥ sete geléias (doce encontrado nas padarias)
- ♥ guaraná em pó
- ♥ uma vela amarela
- ♥ uma vela azul
- ♥ uma vela rosa

Preparo:

Ponha dentro do prato um papel com o nome da pessoa escrito sete vezes e por cima coloque as geléias. Vá mentalizando seus pedidos à Pomba-Gira Menina. Acrescente o pó de guaraná que será colocado de forma a não cobrir totalmente os doces. Ao redor, acenda as velas.

Você poderá fazer este presente na área de sua casa ou na casa de Exu, se tiver. Se preferir, leve a uma estrada, a um jardim ou numa graminha bem limpinha. Com certeza, vai dar tudo certo!

Para Tranca-Rua fazer retornar a mulher amada

Material:
- ♥ um alguidar
- ♥ um miolo de boi

♥ sete charutos
♥ um par da fava olho-de-boi
♥ uma garrafa de vinho tinto de boa qualidade
♥ um melão cortado em sete pedaços
♥ azeite-de-oliva
♥ sete velas pretas e vermelhas

Preparo:
Faça esse presente de manhã, num dia de Lua crescente, nova ou cheia e leve-o para a beira de uma estrada, colocando-o num matinho. Ponha dentro do miolo um papel com o nome da mulher amada e coloque este dentro do alguidar. Rodeie com as fatias de melão e intercale com os charutos. Coloque o fava por cima do miolo, regue com o azeite, fazendo os seus pedidos. Abra a garrafa de vinho, ponha um pouco no presente e deixe-a ao lado da obrigação. Acenda as velas e vá pedindo que Tranca-Rua "corra gira" para buscar o seu amor.

Solicitação ao Mestre Zé Pelintra para que seu amor nunca lhe abandone

Entregue esse presente numa sexta-feira, após às 18 horas.

Material:
♥ um cesto de palha ou vime (ou um balaio)
♥ folhas de mamona, sem o talo

- um frango assado
- cebola
- farinha-de-mandioca
- azeitonas verdes e pretas
- azeite-de-oliva
- sete fatias de goiabada
- sete fatias de queijo provolone ou branco
- um maço de cigarros
- uma cerveja quente
- uma vela branca
- uma vela vermelha
- sete cravos vermelhos (flor)

Preparo:

Faça um refogadinho com a cebola, acrescente a farinha, uma pitada de sal e as azeitonas. Deixe esfriar. Ponha dentro do peito do frango um papel com o nome da pessoa amada. Coloque dentro do cesto as folhas de mamona, por cima a farofa e o frango virado com o peito para cima. Ao lado enfeite com as fatias de goiabada, de queijo e coloque os cravos por cima.

Leve a um local afastado, procure uma esquina e arreie. Abra o maço de cigarro, acenda alguns, oferecendo a Zé Pelintra. Faça o mesmo com a garrafa de cerveja e acenda as velas, sempre mentalizando seus pedidos. Boa sorte!

Para Santa Clara fazer os olhos da pessoa amada enxergarem você muito mais

Essa magia deve ser feita ao nascer do Sol pois é de muita força, mas só poderá ser feita por quem mora em casa.

Material:
- ♥ quatro claras de ovos
- ♥ um prato laminado, virgem
- ♥ cinco colheres (de sopa) de açúcar

Preparo:
Bata as claras até ficarem em ponto de neve. Acrescente o açúcar e mexa bem. Coloque no prato laminado. Leve à porta de sua casa e mostre ao Sol, pedindo à Santa Clara que clareie a mente e os olhos da pessoa amada para você; peça com fé. Ponha em cima do seu telhado.

Encanto para Oxum e Iemanjá trazerem a pessoa amada (ou para arranjar um novo amor)

Material:
- ♥ uma tigela branca
- ♥ cinco gemas, cruas e inteiras
- ♥ farinha-de-mandioca

Fig. 12. - Encanto para Oxum e Iemanjá trazerem a pessoa amada.

♥ mel
♥ óleo de amêndoa
♥ cinco espelhos brancos
♥ cinco velas

Preparo:

Faça na tigela uma farofa com a farinha-de-mandioca, as cinco gemas, o mel, o óleo de amêndoa e uma pitada de sal. Olhe-se em cada espelho e vá chamando pela pessoa amada, com muita fé e amor, ou pedindo que Oxum e Iemanjá lhe dêem um novo amor. Coloque-os em volta da farofa, dentro da tigela. Leve ao alto de um morro e continue fazendo seus rogos. Rodeie com as velas, Se puder, leve um perfume e ponha algumas gotas no presente, exceto alfazema.

Como prender firmemente

Diz a crendice popular que "a voz do povo é a voz de Deus". Por isso que as simpatias simples sempre dão certo.

Coloque o nome da pessoa amada, escrito a lápis, num papel, na palmilha do seu sapato, no pé esquerdo. Procure andar o mais possível com esse sapato e, sempre que lembrar, chame pelo nome dele(a) e bata com o pé esquerdo três vezes.

Encanto para o seu amor sempre atender aos seus caprichos

Material:

- ♥ uma panela de barro vidrado, com tampa
- ♥ uma língua bovina, inteira
- ♥ essência de morango
- ♥ essência de baunilha
- ♥ essência de sândalo
- ♥ essência de almíscar
- ♥ mirra
- ♥ mel de abelha
- ♥ ajabó feito com 14 quiabos (quiabo cortado em rodelas fininhas, numa tigela, com água, açúcar, mel e batido com as mãos)
- ♥ um copo de açúcar mascavo
- ♥ palha-da-costa

Preparo:

Na colocação de cada ingrediente vá fazendo seus pedidos. Lave a panela e coloque um papel com o nome da pessoa escrito, a lápis, 21 vezes. Ponha a língua por cima, regue com as três essências, pulverize com a mirra e regue com o mel de abelha. Bata bem o ajabó, sempre pedindo, acrescente ao presente e cubra com o açúcar mascavo. Tampe a panela e amarre com a palha-da-costa. Leve a uma árvore grande, de preferência frutífera, faça um buraco, coloque a panela, tampe e sapateie, pedindo alto os seus desejos. Tenha a certeza de que dará certo.

Magias para arrumar homem

Material:
- ♥ farinha-de-mandioca
- ♥ óleo de amêndoa
- ♥ mel
- ♥ erva-doce
- ♥ canela-em-pó
- ♥ uma vela vermelha
- ♥ uma rosa
- ♥ anis

Preparo:

Faça uma farofa com a farinha-de-mandioca, o óleo de amêndoa, o mel, a erva-doce a canela-em-pó e uma pitada de sal. Leve a uma encruzilhada de terra, passe a farofa do pescoço para baixo no seu corpo e chame pela Pomba-Gira do Cabaré, pedindo que ela lhe traga o homem do seu ideal. Depois, acenda ao lado uma velha vermelha, ofereça a rosa e o anis, Faça, que você irá obter sucesso.

Preceito para Ogum cortar as guerras conjugais

Essa oferenda serve para tirar a amante do seu marido, cortando as forças dela e reforçando os laços que ligam ele a você. Chame por Ogum na hora de guerras, pois ele é o orixá que guerreia por nós.

Material:

- ♥ um alguidar
- ♥ um inhame-do-norte
- ♥ taliscas de mariô
- ♥ canjica cozida, lavada, escorrida e fria
- ♥ 14 acaçás brancos, sem a folha
- ♥ óleo de amêndoa
- ♥ óleo de algodão
- ♥ uma bandeirinha branca
- ♥ uma vela

Preparo:

Cozinhe um inhame-do-norte. Corte-o ao meio, de preferência com um objeto que não seja de metal, no sentido horizontal. Escreva seu nome num papel e o do seu marido em outro. Coloque os dois de frente um para o outro, ponha dentro do inhame, fincando as taliscas de mariô e ponha dentro do alguidar. Cubra com a canjica cozida e os 14 acaçás brancos. Regue com o óleo de amêndoa e o óleo de algodão. Pegue a bandeira branca e escreva o seu nome e o do seu marido, a lápis, passe-a pelo seu corpo e peça a Ogum que tire os negativos, os pensamentos contrários da outra pessoa, que corte as guerras, que traga muita paz e união entre vocês. Finque a bandeira no inhame e leve para um lugar alto. Acenda a vela ao lado, Tenha certeza de que Ogum vai "correr gira" por você.

Para noivar

Material:
- ♥ um melão
- ♥ canjica cozida
- ♥ mel
- ♥ óleo de amêndoas
- ♥ água de melissa
- ♥ palha-da-costa
- ♥ um par de aliança (bijuteria)

Preparo:
Abra o melão no sentido horizontal, retire as sementes e guarde-as em um saquinho, após secar. Coloque dentro do melão o nome do seu pretendente, escrito a lápis num papel, unindo as duas alianças. Ponha a canjica, o mel, um pouco da água de melissa e um pouco do óleo de amêndoas. Una as duas bandas do melão e amarre-o com a palha-da-costa. Procure um lugar bem úmido, de preferência numa cachoeira, e enterre no sentido horizontal, colocando o restante do óleo de amêndoa e da água de melissa. Faça seus pedidos às três iabás: Oxum, Iemanjá e Nanã. Feche o buraco e continue rogando pois, com certeza, será atendida.

Para casar

Para aquele noivado longo, que está difícil de se transformar em enlace matrimonial.

Material:

- ♥ 1 casal de bonecos, de pano, vestidos de noivos, que tenham uma pequena abertura na frente
- ♥ palha-da-costa
- ♥ uma panela de barro vidrado, com tampa
- ♥ dois ímãs
- ♥ mel de abelhas, com favo
- ♥ óleo de amêndoa
- ♥ água de flor de laranjeira
- ♥ 16 velas de cera.

Preparo:

Escreva em dois pedaços de papel o nome da noiva e o nome do noivo. Dentro da boneca coloque o nome do noivo e dentro do boneco o nome do noiva. Ponha um pedaço de ímã em cada um. Coloque-os de frente um para o outro e amarre-os com bastante palha-da-costa. Conforme for dando os nós, vá fazendo os seus pedidos. Coloque-os dentro da panela de barro vidrado (não pode ser de barro comum), ponha a canjica, o mel de abelha com o favo, o óleo de amêndoa e a água de flor de laranjeira. Tampe a panela. Acenda duas velas de cera juntinhas, durante sete dias. Após, leve a uma mata limpinha e bonita e enterre aos pés de uma árvore frondosa e florida, de preferência bifurcada. Acenda na frente da panela duas velas de cera de 30 cm e aguarde os resultados, que serão positivos, com certeza.

Fig. 13 – Para casar.

O fato de você lutar peto seu amor não quer dizer que estará fazendo mal a alguém, mas sim resguardando o seu bem. Você querer afastar uma mulher do caminho do seu marido ou do seu filho não é sinal de que está se encaminhando para a maldade. Muitas vezes, esta **fulana** é quem está causando muito mal na vida de uma família. O fato é que nem tudo no amor são rosas; existem os espinhos, que às vezes vêm na forma de uma amante. Você quer afastá-la? Pois bem, vamos lá.

Tirando a(o) amante do seu marido (ou da sua mulher)

Material:

- ♥ uma panela de barro
- ♥ sete ovos de pata
- ♥ sete qualidades de pimenta
- ♥ sete grãos de pimenta-da-costa
- ♥ sete agulhas grossas
- ♥ um vidro de óleo de rícino
- ♥ um vidro de óleo de mamona
- ♥ um pouco de azeite-de-dendê
- ♥ um pouco de cachaça
- ♥ pó de carvão
- ♥ azeite-de-dendê

Preparo:

Escreva, a lápis, em dois pedaços de papel, os nomes dos dois que você quer separar. Coloque os dois papéis de costas um para o outro, enfiando as agulhas horizontalmente e ponha o papel na panela. Na colocação de cada ingrediente vá fazendo seus pedidos. Pegue os ovos e escreva neles os dois nomes, quebre-os na panela e vá acrescentando as pimentas, o óleo de rícino, o óleo de mamona, a cachaça, o azeite-de-dendê. Por último, cubra com o pó de carvão e enterre num formigueiro.

Para afastar uma pessoa do caminho do seu amor

Material:
- ♥ uma garrafa escura, com rolha
- ♥ um pouco de cachaça
- ♥ um vidro de óleo de rícino
- ♥ um vidro de óleo de mamona
- ♥ sete punhados de terra de encruzilhada
- ♥ sete dentes de alho-roxo
- ♥ sete pimentas-da-costa inteiras
- ♥ sete pedras de carvão vegetal

Preparo:
Escreva os nomes das pessoas a serem afastadas a lápis, num papel, e coloque de costas um para o outro. Ponha dentro da garrafa juntamente com a cachaça, o óleo de rícino, o óleo de mamona, a terra de encruzilhada, os dentes de alho, as pimentas-da-costa e as pedras de carvão vegetal. Faça seus pedidos na boca da garrafa, arrolhe bem e leve a uma praia, quando a maré estiver vazante. Renove seus pedidos e jogue a garrafa no mar.

Para seu marido (ou sua mulher) enjoar da(o) amante

Material:

- ♥ dois corações de galinha
- ♥ 21 alfinetes de cabeça, virgem
- ♥ um vidro de boca larga
- ♥ sete féis de galinha
- ♥ sete pimentas-da-costa inteiras
- ♥ um pouco de óleo de rícino
- ♥ um pouco de óleo de mamona

Preparo:

Escreva em dois pedaços de papel, os nomes das pessoas que você deseja separar. Coloque cada um dentro dos corações, una os dois e espete os 21 alfinetes, de forma a prendê-los juntos. Vá dizendo: "assim como estou espetando esses corações, que esses alfinetes espetem o coração de fulano(a)." Coloque dentro do vidro e acrescente os féis de galinha, as pimentas-da-costa, o óleo de rícino, o óleo de mamona e tampe bem. Leve a uma encruzilha, entregue ao Exu de sua preferência e enterre, fazendo seus pedidos a ele.

Obs.: O fel de galinha você poderá conseguir no aviário mais perto de sua casa.

Fig. 14 - Para seu marido (ou sua mulher) enjoar da(o) amante.

Como fazer sumir a(o) amante

Material:
- ♥ uma panela de barro com tampa
- ♥ uma agulha grande
- ♥ sete limões espremidos
- ♥ sete pimentas-malaguetas verdes
- ♥ um pouco de pimenta-do-reino em pó
- ♥ sete folhas-de-fogo
- ♥ sal amargo
- ♥ um metro de morim preto

Preparo:
Escreva os nomes em dois pedaços de papel e coloque-os um de costas para o outro. Transpasse-os com a agulha e ponha dentro da panela, regando com o sumo dos limões. Acrescente as pimentas, as folhas-de-fogo, o sal amargo e os bagaços dos limões. Tampe a panela e enrole no morim preto. Enterre aos pés de uma árvore que tenha espinhos e faça seus pedidos ao Exu de sua predileção.

Outro feitiço para afastar mulher da vida do seu filho ou marido

Material:
- ♥ uma panela de ferro
- ♥ folha-de-corredeira

- ♥ comigo-ninguém-pode
- ♥ cansanção
- ♥ urtiga
- ♥ 21 vezes o nome da pessoa que se deseja afastar
- ♥ sete qualidade de pimenta
- ♥ raspa de veado
- ♥ sete espinhos de ouriço (casa de artigos religiosos)

Preparo:

Primeiramente, queremos chamar a atenção no **cuidado ao lidar com certas folhas**. Procure usar uma luva ou segure-as com um pedaço de papel; agindo assim você não terá problema nenhum.

Coloque na panela todos os ingredientes. Faça um fogo com lenha e ponha a panela ali, deixando tudo até torrar bem. Ao se tornar um pó, guarde-o e jogue sempre que a pessoa passar.

Obs.: Não fazer esse preceito em casa, somente no quintal.

Pote Encantado para o amor

Este pote é utilizado para que você não tenha solidão amorosa. Não se coloca nenhum nome dentro deste pote.

Material:
- ♥ um pote grande, bem bonito, de porcelana, com tampa
- ♥ uma pedra de ametista
- ♥ uma pedra de quartzo rosa

- uma pedra de topázio
- uma pedra de jade
- uma pedra de água-marinha
- cinco moedas douradas
- cinco conchas do mar
- cinco obis
- cinco colheres de trigo cru
- cinco colheres de semente de girassol
- cinco espelhos
- cinco colheres de cravo-da-índia
- cinco nozes-moscadas
- cinco colheres de açúcar cristal
- um par de olho de boneca
- um par de aliança de ouro
- uma peça de prata
- cinco ímãs
- essência de sândalo
- essência de almíscar
- essência de patchouli
- um casal de bonequinhos de porcelana, que estejam juntinhos

Preparo:

Mentalize um grande amor na sua vida e vá colocando, com jeito e carinho, os ingredientes dentro do pote, seguindo a ordem dos elementos acima. Ponha por cima o casal de bonequinhos e feche o pote com a tampa. Dentro de sua casa dê um local de destaque a ele, mas de modo que ninguém toque nele. Às vezes, pegue-o e mostre-o ao Sol e à Lua, refazendo seus pedidos a todas as forças positivas do amor e à deusa do amor, Oxum, sempre em Lua crescente. Bons amores!

BANHOS

Ao fazer uso de banhos, deixe que a essência permaneça em seu corpo, não se enxugando. Elas trazem bons fluidos.

Banho para atração

Material:
- um molho de funcho ou duas colheres (chá)
- de erva-doce
- cinco cravos-da-índia, sem a cabeça
- cinco caroços de milho vermelho
- uma noz-moscada ralada
- uma fava de pichulin ralada
- um pouco de pó de sândalo
- uma colher (sopa) de açúcar mascavo

Preparo:
Cozinhe tudo por 10 minutos. Tome seu banho normal, logo em seguida jogue o banho de atração, da cabeça aos pés. Vista-se de branco com amarelo, azul com rosa, rosa com branco ou toda de branco. Junte os ingredientes do banho e jogue-os em uma praça. Boas atrações!

Obs.: Este banho não é aconselhável às filhas de Iansã.

Banho para atrair simpatia sorte e amor

Material:

- ♥ uma flor de girassol (ou sementes de girassol)
- ♥ quatro folhas de fortuna (ou saião)
- ♥ folhas de patchuli
- ♥ sândalo em pó (ou casca de sândalo)
- ♥ quatro caroços de milho vermelho
- ♥ uma colher (sopa) de açúcar

Preparo:

Ponha tudo em uma panela com água e leve para ferver por sete minutos. Coloque num balde e complete com água fria. Tome um banho normal e depois jogue este banho do pescoço para baixo. Recolha as sobras e leve para um local bem movimentado ou para uma praça, mentalizando somente coisas boas. Com certeza, você conseguirá o que deseja.

Banho para seduzir seu homem (ou sua mulher)

Material:

- ♥ sete rosas vermelhas, de jardim (colhidas na Lua crescente, na parte da manhã)
- ♥ açúcar mascavo,

Preparo:

Coloque as rosas num jarro e deixe-as no sereno. Retire uma rosa no dia seguinte, às 12 horas e ponha para ferver com dois litros de água e um pouco de açúcar mascavo, por sete minutos. Deixe esfriar, Tome seu banho comum e depois o banho da rosa, do pescoço para baixo. Às 18 horas (ou se quiser, às 24 horas) leve as pétalas que sobraram do banho a uma encruzilhada de terra aberta, em formato de T, pedindo ajuda à Maria Padilha, ou a uma Pomba-Gira de sua preferência. Proceda assim por sete dias, Esse banho é excelente e com ele você vai enlouquecer seu homem.

Obs.: Se quiser, acrescente umas gotas de perfume na entrega das pétalas na encruzilhada.

Banho para fazer seu homem voltar rápido para você e muito mais apaixonado

Material:

- ♥ sete ramos de carrapicho
- ♥ sete colheres (café) de açúcar cristal
- ♥ uma colher (chá) de erva-doce
- ♥ o nome do seu amado escrito num papel

Preparo:

Cozinhe em dois litros de água todos os ingredientes por sete minutos. Deixe esfriar e coe. Tome seu banho normal e, logo após, jogue este banho do pescoço para baixo. Não se enxugue. Leve os carrapichos a um campo bem extenso, acenda uma vela e entregue à Falange das Ciganas, pedindo a volta apaixonada do seu amor. Tenha fé e aguarde os resultados positivos.

Banho para o seu amor não ter olhos para outra pessoa

Este é um banho que deve ser feito ao nascer do Sol, para que você possa se aproveitar da força e da energia desse astro.

Material:
- ♥ uma flor de girassol (ou sementes)
- ♥ mel de abelha (legítimo)
- ♥ o nome do seu amado, escrito num papel
- ♥ uma panela de barro
- ♥ dois ímãs
- ♥ água de melissa
- ♥ essência de morango
- ♥ duas velas amarelas

Preparo:
Ferva dois litros de água. Tire do fogo e acrescente a flor, sem deixar que ela desmanche. Coloque o mel e o nome escrito no papel. Deixe esfriar. Retire a flor e tome esse banho do pescoço para baixo. Recolha as sobras.

Escreva num papel sete vezes o nome da pessoa amada, com o seu por cima e coloque na panela de barro com o ímã por cima, a flor e as sobras do banho. Acrescente bastante mel, a água de melissa e a essência de morango. Pegue a panela e mostre-a ao Sol, fazendo todos os seus pedidos, pois esse é o horário em que o Sol vem trazendo muita força e energia. Depois, coloque-a num lugar alto, dentro de sua casa, durante cinco dias. Acenda as duas velas juntas, Depois do quinto dia, leve a uma cachoeira e enterre próximo à água, oferecendo à mamãe Oxum.

Banho para atrair o desejo do sexo oposto

Material:
- ♥ um molho de funcho ou duas colheres (sopa) de erva-doce
- ♥ manjericão branco
- ♥ oriri
- ♥ água de melissa
- ♥ uma flor do seu orixá
- ♥ uma colher (sopa) de açúcar

Preparo:

Macere bem as folhas de funcho (ou use a erva-doce) num balde com dois litros de água, acrescente a água de melissa e o açúcar. Tome seu banho comum, usando sabão-da-costa. Ao se enxaguar, apare parte da água num balde (ou bacia) e vá jogando o banho de erva, do pescoço para baixo, de modo que ele também caía no balde. Guarde esse banho e dê para seu amor banhar-se também, só que da cabeça aos pés. Assim, você estará dominando-o por Inteiro.

Banho para chamar a atenção onde chegar
(festas, lançamentos, comércio, boates...)

Material:

- ♥ uma rosa amarela, de jardim
- ♥ uma rosa vermelha, de jardim
- ♥ sete caroços de milho vermelho
- ♥ uma colher (chá) de gengibre ralado
- ♥ açúcar
- ♥ sete cravos-da-índia
- ♥ sete sementes de girassol
- ♥ uma colher (café) de cominho em pó.

Preparo:

Cozinhe todos os ingredientes por sete minutos. Tome seu banho normal e, logo após, jogue este banho do pescoço para baixo. Não se enxugue e vista-se com roupa clara. Recolhe os elementos do banho e leve a uma estrada bem ionga, fazendo seus pedidos à Pomba-Gira da Estrada. Faça regularmente este banho e você se tornará o centro das atenções. Boa sorte.

Banho para que seu homem não tenha forças contra você

Material:

- ♥ casca de maçã, seca
- ♥ 1 colher (sopa) de erva-doce

- ♥ sete folhas de saião (fortuna ou erva-santa)
- ♥ água de flor de laranjeira
- ♥ água de rosas
- ♥ açúcar mascavo
- ♥ uma fava de pichulin, ralada
- ♥ papel com o nome da pessoa amada, escrito cinco vezes

Preparo:

Ferva tudo durante sete minutos. Tome o seu banho normal e depois jogue este do pescoço para baixo. Recolha os ingredientes, deixe secar um pouco e faça um defumador da porta da casa para dentro, chamando pelo nome da pessoa amada. Deixe queimando nos fundos da casa. Repita cinco dias seguidos, para ir minando a força do seu amor aos poucos.

Banho da Oxum para manter seu equólibrio amoroso

Faça este banho no 1º dia da Lua crescente.

Material:
- ♥ folhas de oriri
- ♥ folhas de oripepê (ou folhas de louro)
- ♥ oxibatá (vitória-régia)
- ♥ macaçá (catinga-de-mulata)
- ♥ essência de baunilha
- ♥ farinha-de-mandioca
- ♥ óleo de amêndoa
- ♥ meio metro de morim branco,

Preparo:

Lave as folhas e macere-as. Tome seu banho normal e, em seguida, jogue esse banho da cabeça aos pés. Não se enxugue. Pegue os bagaços das folhas, acrescente a farinha-de-mandioca e o óleo de amêndoa e, com as duas mãos, faça uma farofa. Coloque no morim, feche e pendure atrás da porta do seu quarto, ou próximo à sua cama. Você vai se sentir uma outra pessoa. Renove de vez em quando a confecção desse banho.

Banho para viver bem, em perfeita união

Para ser feito no último dia da Lua crescente, quando esta estiver passando para Lua cheia.

Material:
- ♥ sete rosas mariquinhas brancas
- ♥ erva-doce
- ♥ incenso
- ♥ pó de sândalo
- ♥ açúcar mascavo

Preparo:

Cozinhe os ingredientes por sete minutos. Jogue este banho da cabeça aos pés. Não se enxugue. Jogue as sobras do banho num rio de água limpa ou num jardim bem florido e procure vestir roupa clara após o banho.

Banho para estar sempre em evidência com a pessoa amada

Fazer mensalmente, aos sábados, de preferência na Lua nova e pela manhã.

Material:
- ♥ sete gotas de um bom perfume (menos alfazema)
- ♥ dois litros de água
- ♥ um vidro de água de flor de laranjeira
- ♥ folhas de funcho ou uma colher (sopa) de erva-doce
- ♥ pétalas de duas rosas brancas, de jardim

Preparo:
Macere as rosas e o funcho (ou misture a erva-doce). Misture com dois litros de água, deixe descansar por alguns minutos e tome esse banho da cabeça aos pés e não se enxugue. Coloque as pétalas num jardim.

Banho para atrair sexualmente o seu amor

Material:
- ♥ um obi ralado
- ♥ sementes de girassol
- ♥ uma colher (chá) de açúcar mascavo
- ♥ pétalas de uma rosa vermelha, de jardim

- cravo-da-índia
- carrapicho
- noz-moscada ralada
- canela-em-pau

Preparo:

Coloque os ingredientes para cozinhar em cinco litros de água, com o nome da pessoa desejada escrito num papel. Deixe esfriar. Tome esse banho durante cinco dias seguidos, do pescoço para baixo, logo após seu banho normal. Leve as sobras do banho para um local bem florido, num jardim ou campo.

PERFUMES

Usar perfumes preparados traz bons resultados, mas sempre é bom dizer que esses encantamentos só devem ser usados pela pessoa para a qual foi preparado, não devendo ser usado comunitariamente.

Perfume para chamar homem

Material:

- ♥ um bom perfume (se puder, francês)
- ♥ uma colher (chá) de gengibre ralado
- ♥ canela em pó
- ♥ 21 carrapichos
- ♥ noz-moscada ralada

Preparo:

Este perfume deve ser feito no primeiro dia da Lua Crescente. Torre os carrapichos no forno. Transforme-os em pó e junte aos demais ingredientes, dentro do vidro de perfume. Sacuda bem e deixe em infusão por sete dias. Todas as vezes que for usá-lo, sacuda bem o vidro. É essencial que no seu uso primeiramente passe na sola dos pés, depois nos locais prediletos. Não deixe ninguém usá-lo.

Perfume para atrair mulher

Material:

- ♥ um vidro de perfume com essência feminina
- ♥ uma colher (chá) de gengibre ralado
- ♥ uma noz-moscada ralada
- ♥ três sementes de girassol torradas
- ♥ três cravos-da-índia torrados
- ♥ pó de ímã (ímã fragmentado)

Preparo:

Seu preparo deve ser no primeiro dia da Lua Cheia. Coloque tudo dentro do vidro de perfume e agite-o bem. Deixe descansar por três dias e, ao usá-lo, sacuda-o bem.

Perfume para você transmitir simpatia

Material:

- ♥ um perfume de boa qualidade
- ♥ uma noz-moscada ralada
- ♥ uma fava de pichulin
- ♥ uma colher (chá) gengibre ralado
- ♥ uma fava de bejerecum socada
- ♥ uma pitada de louro em pó

Preparo:

Prepare este perfume no primeiro dia da Lua nova. Coloque todos os elementos dentro do vidro de perfume, deixe em infusão por três dias. A cada uso, agite bem o vidro. Use no seu local de trabalho, em seus passeios, em festas, aventuras, para que você seja notada, atraia atenção. Boa sorte!

Perfume para trazer sorte

Material:

- ♥ um vidro do perfume de sua preferência, exceto alfazema
- ♥ um pouco de noz-moscada ralada
- ♥ um pouco de pó de sândalo
- ♥ um pouco de cravo-da-índia em pó
- ♥ um pouco de fava de pichulin ralada
- ♥ cinco gotas de essência de baunilha (ou vanilina)
- ♥ um pouco de erva-doce (em pó)
- ♥ um pouco de canela-em-pó

Preparo:

Coloque todos os ingredientes dentro do perfume. Deixe em infusão por cinco dias, sem mexer. Todas as vezes em que for usar, passe pelo corpo em forma de cruz, passando também na sola dos pés.

Perfume para dar tranquilidade e equilíbrio

Material:

- ♥ um bom perfume
- ♥ meia colher (café) gergelim
- ♥ um quarto de noz-moscada ralada
- ♥ meia colher (café) sândalo em pó
- ♥ casca de maçã seca, triturada
- ♥ pétalas da flor "sempre-viva"
- ♥ um pouquinho de alecrim-da-horta, bem picadinho
- ♥ meia fava divina, ralada

Preparo:

Prepare este perfume no primeiro dia da Lua nova. Acrescente os ingredientes ao perfume, agite-o bem e deixar descansar por cinco dias. Use-o diariamente, até sentir os resultados. Depois, coloque-o em seus passeios.

Perfume para trazer sucesso a quem trabalha com vendas

Material:

- ♥ um vidro de perfume (exceto alfazema)
- ♥ meia colher (café) de pó de benjoim
- ♥ meia colher (café) de pó de mirra
- ♥ um quarto de noz-moscada ralada

- ♥ uma gota de azougue
- ♥ um quarto de colher (café) de canela-em-pó
- ♥ folhas de avenca (secas e transformadas em pó)

Preparo:

Prepare este perfume em Lua nova ou crescente. Junte todos os ingredientes e coloque-os no vidro de perfume. Deixe descansar por três e passe a usá-lo no seu dia-a-dia, para transformar o seu trabalho em sucesso.

DEFUMADORES

Defumadores servem para purificar o ambiente e também o nosso corpo, fazendo com que assim possamos atrair vibrações positivas e a ajuda de nossos protetores espirituais.

Defumador para exitar cada vez mais o seu homem

Só faça este defumador quando a pessoa desejada estiver dentro de casa.

Material:
- ♥ uma peça íntima, usada, toda cortada e picada
- ♥ açúcar
- ♥ erva-doce
- ♥ incenso
- ♥ sementes de girassol

Preparo:
Junte todos esses ingredientes e coloque-os num braseiro. Defume a casa toda, de fora para dentro, e em especial a pessoa amada. Se ele tiver carro, defume-o também.

Defumador para trazer de volta o seu amor

Material:

- ♥ folhas de abre-caminho
- ♥ uma noz-moscada ralada
- ♥ uma flor "sempre-viva"
- ♥ um pouco de erva-mate
- ♥ uma colher (sopa) de açúcar mascavo
- ♥ sete vezes o nome da pessoa amada

Preparo:

Misture todos os ingredientes, menos o papel com o nome da pessoa. Faça um braseiro, leve ao portão de entrada (ou porta principal), coloque os ingredientes nas brasas e por cima o papel com o nome da pessoa. Incense a casa toda, chamando pelo nome da pessoa desejada, defumando mais demoradamente no local preferido da pessoa. Termine de defumar sua casa e deixe queimando no quintal (ou área de serviço). Você deverá fazer este defumador durante sete dias seguidos, sempre no mesmo horário.

Defumador para prender o seu homem

Espere seu amor estar dentro de casa para fazer este defumador, caso contrário não surtirá efeito.

Material:

- ♥ urna colher (sopa) de açúcar mascavo
- ♥ uma colher (sopa) de farinha-de-mandíoca
- ♥ um pouco de mirra
- ♥ um pouco de benjoim
- ♥ pétalas de uma rosa branca, de jardim
- ♥ uma noz-moscada ralada
- ♥ uma fava de pichulin ralada
- ♥ uma colher (sopa) de erva-mate
- ♥ folhas de vence-demanda
- ♥ um obi ralado
- ♥ um orobô ralado
- ♥ meia colher (sopa) de pó de café

Preparo:

Junte todos os ingredientes. Faça um braseiro e leve para a porta de entrada. Vá colocando o defumador aos poucos e defumando cada cômodo da casa, terminando nos fundos. Deixe num cantinho, queimando.

Este defumador, além de prender o seu amor, também traz equilíbrio, paz e sucesso, tornando a pessoa mais maleável para se lidar, equilibrada. Espere também bom presságios. Boa sorte.

Defumador para afastar um ex-amor da sua casa

Se você tem alguém que já foi seu amor, mas agora tornou-se um embaraço, o amor acabou, este defumador poderá ajudá-la(o). Mas, veja bem: tenha certeza do que deseja, seja consciente do que você quer, pois este defumador é poderoso, e não haverá volta. Ele varre o rastro da pessoa.

(Para ser feito tão logo ele saia de casa para trabalhar, passear etc.)

Você já deverá ter o braseiro pronto na porta de casa para começar o trabalho após a saída da pessoa. Veja os ingredientes que deverão ser usados:

Material:
- ♥ folhas de corredeira
- ♥ folhas de arrebenta-caválo
- ♥ uma fava olho-de-boi ralada
- ♥ sete espinhos-de-ouriço
- ♥ pêlo de um cão bravo
- ♥ sete pimentas-malagueta

Preparo:

Misture tudo e coloque no braseiro. Defume somente no portão, NÃO ENTRE EM CASA COM ESTE DEFUMADOR, pedindo que a pessoa (diga o nome) seja afastada de seus caminhos. Depois, conte sete passos do portão da sua em direção para onde a pessoa foi, leve o braseiro e jogue-o no chão. Volte para a sua casa e, antes de entrar, jogue bastante água no seu portão.

Defumador para afastar quem está de olho no seu amor

Este defumador não deverá ser feito dentro de sua casa e você deverá levar um acompanhante *quando for fazê-lo. Procure um lugar tranqüilo, onde você não seja Importunado e que também não seja perigoso, pois este defumador deverá ser feito à meia-noite em ponto.*

Antes de sair deixe pronto um banho de folhas frescas (macaçá, manjericão, saião ou colônia).

Escreva em duas tiras de papel o nome da pessoa indesejada. Misture arruda (se for para afastar mulher, use arruda fêmea; se for para homem, a arruda usada será a macho), um par de olho bovino fresco, folhas de dormideira, folhas de corredeira, folha-de-fogo, pó de carvão e pêlo de um gato preto.

Faça (ou leve) um braseiro. Ponha os pedaços de papel em cada olho do boi e coloque-o ao braseiro, com os demais elementos por cima. Acenda uma vela preta ao lado e vá fazendo seus pedidos ao Exu da Meia-Noite e ao Exu Morcego. Fique um pouco ao lado, mentalizando tudo que você quer. Quando acabar de fazer seus pedidos, deixe tudo lá e retorne à sua casa.

N.B.: Leve sete ovos para você e para quem lhe acompanhou e, antes de chegar em casa, passe-os no seu corpo e no do seu acompanhante, simbolicamente, de cima para baixo, e quebre-os. Ao chegar em casa, os dois deverão tomar um banho normal e depois o banho de folhas, para cortar forças negativas que tenham lhe acompanhado. Acenda uma vela para o anjo da guarda de cada e... sucesso!!!

TALISMÃS (OU BREVES, PATUÁS, AMULETOS)

Um patuá para ser sempre lembrado pela pessoa amada

Faça um saquinho pequeno, de tecido forte e coloque dentro um papel com o nome da pessoa que você quer que nunca lhe esqueça, acrescente uma moeda de cobre, lavada, um ímã, um búzio, meia colher (café) de gergelim, sete sementes de girassol, sete caroços de milho vermelho e uma colher (café) de açúcar. Chame pelo nome da pessoa sete vezes, na boca do saquinho, cuspa sete vezes, faça os pedidos, amarre com palha-da-costa e coloque pendurado atrás da porta principal de sua casa.

Talismã para quebrar inveja e olho-gordo dos seu caminhos amorosos

Material:
- ♥ um pedaço quadrado de pano branco, de 10 cm
- ♥ um búzio
- ♥ uma figa de guiné

- ♥ uma figa de azeviche pequena
- ♥ uma figa de arruda
- ♥ uma fava divina

Preparo:

Coloque dentro do pano os objetos, feche e costure os quatro lados do pano. Ande sempre com ele em sua bolsa, para todo lugar que for.

PRECEITOS PARA O ORIXÁ MAIOR

Para tirar o rancor do coração de uma pessoa

Este presente é grandioso, pois ele é feito pelos "caminhos de Orinsalá".

Material:

- ♥ um prato branco (ou laminado)
- ♥ um inhame-do-norte cozido
- ♥ azeite-de-oliva
- ♥ seis velas comuns
- ♥ mel
- ♥ água de flor de laranjeira
- ♥ água de melissa
- ♥ um coração de cera

Preparo:

Amasse o inhame e dê-lhe o formato de um coração. Escreva num papel o nome da pessoa e coloque no fundo do prato. Ponha por cima o coração de inhame e o coração de cera. Regue com o azeite, o mel, a água de flor de laranjeira e a água de melissa. Durante três dias acenda duas velas juntas, num pires, pedindo a Orinsalá que tire o rancor, a raiva e a negatividade do coração da pessoa. Após este período, leve a um local de mato limpinho e coloque ao pé de uma árvore bonita e afastada, numa sombrinha.

Para Oxalá e Orinxalá trazerem paz, união, felicidade e harmonia

Este presente vai diretamente à "corte dos grandes orixás".

Material:
- ♥ uma bacia de ágata
- ♥ um quilo de canjica
- ♥ um maço de macaçá (catinga-de-mulata)
- ♥ bem lavado e todo desfolhado
- ♥ um vidro de água de flor de laranjeira
- ♥ um efum ralado
- ♥ 10 acaçás, sem casca
- ♥ 10 bandeirinhas brancas
- ♥ 10 ovos crus

Preparo:

Cate bem a canjica, de modo que ela fique bem branquinha, ponha para cozinhar. Deixe esfriar. Misture-a com as folhas de macaçá e o efum.

Escreva os nomes de todos da casa e ponha na bacia. Acrescente a canjica, coloque os acaçás e os ovos, enfeitando. Passe as bandeirinhas pelo corpo de todos e faça os pedidos ao grandioso Pai Oxalá, fincando-as nos acaçás. Perfume com a água, de

Fig. 15 - Para Oxalá e Orinxalá trazerem paz, união, felicidade e harmonia.

flor de laranjeira. Deixe dentro de sua casa por 24 horas. Após, leve para um mato limpo, pertinho de água corrente limpa.

Presente para Orunmilá trazer harmonia

Este presente serve para equilibrar o seu lar, trazendo concórdia, paz e também a sabedoria, fazendo sua vida ser mais tranqüila.

Material:
- ♥ uma bacia de louça branca
- ♥ meio kg de canjica cozida, bem alvinha e lavada
- ♥ essência de baunilha
- ♥ essência de flor de laranjeira
- ♥ essência de rosa
- ♥ essência de morango
- ♥ essência de almíscar
- ♥ coco ralado, fresco
- ♥ dois cocos verdes
- ♥ 16 acaçás brancos, sem a folha
- ♥ 16 bandeirinhas bancas, pequenas, de pano
- ♥ 16 obis, abertos

Preparo:

A cada ingrediente colocado vá fazendo seus pedidos a Orunmilá.

Dentro da bacia ponha um papel com os nomes das pessoas que moram em sua casa. Coloque a canjica, as essências, espalhe o coco ralado, centralize bem os cocos verdes, lado a lado, os acaçás em volta, as bandeirinhas espetadas nos acaçás e, por último, os obis. Oferte a Orunmilá, às 16 horas, e deixe arriado em local alto dentro de casa, por três dias. Após, leve a uma mata fechada, colocando na sombra.

Para melhorar o relacionamento entre pais e filhos

Material:
- ♥ um prato branco, fundo, virgem
- ♥ açúcar cristal
- ♥ cinco gemas de ovos

Preparo;

Escreva num papel os nomes dos familiares. Coloque o papel no prato e cubra com o açúcar. Ponha uma gema no centro e as quatro nas laterais. Acenda duas velas juntas, durante sete dias, pedindo ajuda à Falange das Crianças.

Ao ter seus pedidos atendidos, ofereça em uma praça bem bonita umas cocadas e balas brancas à Falange das Crianças.

REZAS FORTES

Responso das 12 Almas

(Rezar durante 12 dias. Para atrair, fazer voltar a pessoa amada, para conseguir coisas impossíveis, difíceis etc.)

Valei-me, minhas 12 almas.
Valei-me, minhas 12 almas.
Valei-me, minhas 12 almas.
Valei-me, minhas 12 almas.
Três afogadas.
Três queimadas.
Três enforcadas.
Três mortas a sangue frio.
Assim como são três.
Assim como são seis.
Assim como são nove.
Assim como são doze.
(Faz-se opedido.)

Apressai ele, minhas 12 almas
Apressai ele, minhas 12 almas
Apressai ele, minhas 12 almas
Apressai ele, minhas 12 almas

(muda de acordo com o pedido)

(ou "consiga isso, minhas 12 almas" (quatro vezes), ou "cure fulano, minhas 12 almas" (quatro vezes). etc.)

Reze esse *responso* acompanhada de um terço, contando nas continhas maiores do terço.

O *responso* não deve ser rezado dentro de casa; de preferência na rua, andando. Só pare de rezar ao escutar resposta de uma voz qualquer, alguém gritando ou respondendo a outrem, cujo significado é válido para seu pedido.

Ao conseguir a graça, mande rezar uma missa para as 12 almas, mas não compareça a essa missa.

Oração a São Silvério do Monte Maior

Esta oração tem que ser rezada ao se deitar, sentada em sua cama.

São Silvério do Monte Maior,
cerque este portão e tudo ao seu redor.

São Silvério do Monte Maior,
cerque este quintal e tudo ao seu redor.

São Silvério do Monte Maior,
cerque esta casa e tudo ao seu redor.

São Silvério do Monte Maior,
cerque este quarto e tudo ao seu redor.

(Ao sair para a rua:)
São Silvério do Monte Maior,
cerque meus caminhos e tudo ao MEU redor.

(Ao se levantar, no portão:)
São Silvério do Monte Maior,
cerque esta casa, meus caminhos e tudo ao MEU redor.

O babalorixá George Maurício (Odé Kileuy) atende em sua roça, **o Ilê Axé Vodum Odé Kileuy**, à Rua Marcílio Rizzo, 110 - Edson Passos - Rio de Janeiro - RJ

Vera de Oxalá poderá responder suas dúvidas pelo e-mail verabarros@openlink.com.br

Este livro foi impresso em julho de 2015,
na Gráfica Impressul, em Jaraguá do Sul, para a Pallas Editora.
O papel de miolo é o offset 75g/m2 e o de capa é o cartão 250g/m2.